Cette édition a été publiée en 2023 par Welbeck,
une marque de Welbeck Non-Fiction Limited
qui fait partie de Welbeck Publishing Group
Londres et Sydney

Pour l'édition française :
Traduction : Stéphanie des Horts
Mise en page : Michelle Aflalo

6, rue du Mail - 75002 Paris
www.victoires.com

ISBN 978-2-8099-2069-7
Dépôt légal : 4e trimestre 2024

Imprimé en Espagne, en septembre 2024

FSC www.fsc.org MIX Paper from responsible sources FSC® C020056

FASHION LEGENDS

Lady Diana

L'histoire d'une icône mode

Glenys Johnson

ÉDITIONS
PLACE DES
VICTOIRES

« J'aime être un esprit libre.

Ce n'est pas du goût de tout le monde, mais c'est ainsi. »

PRINCESSE DIANA

Introduction

Cette phrase est restée gravée dans la mémoire de tous ceux dont les yeux étaient rivés à leur téléviseur ce 6 septembre 1997, jour des funérailles de lady Diana. C'est le comte Spencer, frère cadet de la princesse, qui l'a prononcée et elle résume parfaitement son personnage. «Diana était l'essence même de la compassion, du devoir, du style et de la beauté. Elle était pour le monde entier un symbole d'humanité et d'altruisme.»

Même si elle a été énormément controversée de son vivant, Diana, princesse de Galles, demeure une icône à part entière. Icône, le mot rend hommage à son charme, à sa philanthropie, à la façon originale dont elle a élevé ses enfants et à son sens inné de la mode. Mais comment devient-on une icône? Le terme est souvent utilisé à tort et à travers. Être une icône, c'est être idolâtré dans la vie comme dans la mort. C'est être défini par son seul prénom, c'est transcender les époques et marquer l'imaginaire populaire à travers les décennies. De nos jours, la plupart des fans de lady Diana n'ont pas idée de l'engouement qu'elle a suscité de son vivant, mais ils sont toujours plus nombreux à l'adorer et sont pleins de ressources pour trouver de nouveaux moyens d'honorer sa mémoire.

Diana porte des boucles d'oreilles en cristal en forme de cœur provenant de chez Butler & Wilson et un tailleur en soie Bruce Oldfield, Italie, 1985.

« Ne faites que ce que votre cœur vous dicte. »

Les tenues de Diana ont marqué les esprits, plus qu'elle n'aurait jamais pu l'imaginer. Les journalistes des années 1980-1990 étaient obsédés par la princesse, mais ils étaient bien dans l'incapacité d'anticiper l'influence qu'elle aurait de nos jours sur les réseaux sociaux. Les jeunes nés en l'an 2000 sont à peine assez âgés pour la connaître et pourtant c'est bien la génération Z qui ressuscite ses looks les plus célèbres en les copiant ou en les interprétant.

L'histoire de lady Diana est tragique, c'est celle d'une princesse des cœurs qui a connu une fin dramatique. On ne percera jamais complètement le mystère de sa mort, et chacun peut interpréter comme il l'entend ce drame. Diana était la femme la plus photographiée au monde, elle laisse derrière elle une richesse documentaire inégalée. Ses looks sont visibles partout, sur Internet, dans la littérature, il suffit d'un clic sur votre ordinateur ou de feuilleter un livre pour succomber à la magie de ses tenues, à son goût à nul autre pareil.

Au concours international des jeunes pianistes de Newport,
Diana porte l'un de ses bijoux favoris, un ras-du-cou orné d'un saphir, 1985.

L'évolution

CHAPITRE 1

d'un style

De BCBG à femme fatale

Diana Spencer naît le 1er juillet 1961. Ses parents se nomment John Spencer et Frances Burke-Roche. Diana deviendra le visage le plus célèbre du xxe siècle. Elle connaît la célébrité en épousant Charles, prince de Galles et héritier de la couronne royale. Beaucoup se souviennent de son charme, de sa gentillesse, de son altruisme et de sa volonté de rendre le monde meilleur, mais elle marquera aussi les esprits par son chic et ses tenues éblouissantes.

Dans les années 1980, elle porte de grands cols volantés, dans les années 1990 des robes moulantes, courtes et sexy. Ses toilettes témoignent de son indépendance comme de sa philanthropie, tout est souvent lié chez Diana. Des décennies plus tard, son héritage se perpétue au travers des *It-girls*, popstars ou actrices qui prennent la pose sur les tapis rouges dans des tenues faisant référence aux looks audacieux de la princesse.

Comment cette enfant timide et mal dans sa peau devient-elle la femme la plus photographiée au monde ? Des livres entiers retracent son enfance, celle de ses parents, et tirent des conclusions plus ou moins hasardeuses. Et si ses vêtements en disaient plus long que le reste ? Comment lady Diana passe-t-elle de la Sloane Ranger BCBG à la femme fatale qui envoûte le monde entier ? C'est peut-être là que réside la clé du mystère Diana.

Arthur Edwards est à l'origine de cette photographie de la jeune Diana, assistante maternelle dans une crèche de Pimlico en 1980.

Sloane Ranger

Le début des années 1980 est une période stupéfiante pour la mode. À New York, c'est le règne du hip-hop, des vêtements amples et sportswear. À Londres, l'ambiance est plus éclectique, on croise des punks en cuir des pieds à la tête, des « New Romantics » (gothiques), cheveux longs et maquillage blême et des Sloane Rangers dont il est question ci-après.

Les Américains les surnomment les « Preppies », mais les Britanniques qui incarnent ce style appartiennent à la haute bourgeoisie et vivent dans le quartier chic de Sloane Square, à Chelsea. Les garçons portent des Barbour et des pantalons en velours côtelé, les filles des jupes plissées et fluides. C'est l'une d'elles, la timide Diana Spencer tout juste âgée de dix-neuf ans, qui va placer les Sloane Rangers sur le devant de la scène internationale. À l'époque, elle n'est qu'une jeune Anglaise parmi tant d'autres, habillée dans un genre très révélateur de sa classe sociale. Les Sloane Rangers ont un style de vie assez traditionnel, ils passent le week-end dans leurs terres et la semaine dans les pubs de Fulham, comme le « White Horse », rebaptisé par ses habitués des années 1980, le « Sloane Pony ».

En 1982, deux ans après la sortie de *The Official Preppy Handbook* qui définissait le style « Preppy », paraît *The Official Sloane Ranger Handbook* avec en couverture, la princesse Diana dans toute sa splendeur. C'est elle qui va populariser ce genre auprès du grand public.

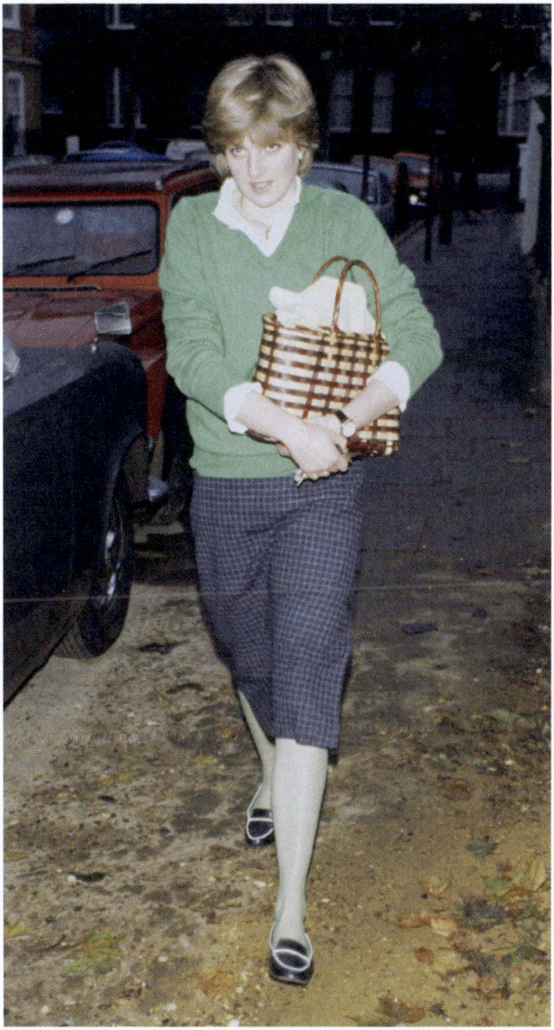

CI-DESSUS La jeune Diana est poursuivie par les paparazzis, la rumeur sur sa liaison avec le prince Charles fait la une des magazines, Kensington, 1980.

DOUBLE PAGE SUIVANTE Les « New Romantics » de King's Road contrastent sérieusement avec les Sloane Rangers, Chelsea, 1980.

« Quand les photos de Diana Spencer apparaissent dans la presse à l'été 1980, la mode des Sloane Rangers envahit la rue. »

THE OFFICIAL SLOANE RANGER HANDBOOK

Un couple de Sloane Rangers typique lors d'une course de chevaux à Liverpool, 1985.

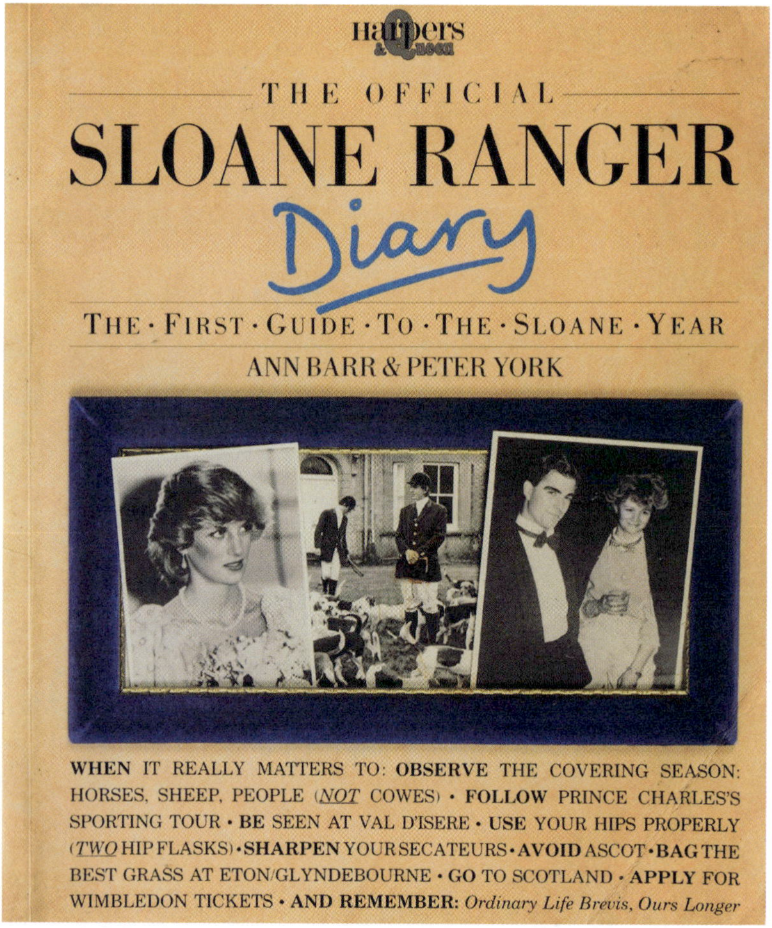

The Official Sloane Ranger Handbook inspire de nombreux livres comme *The Official Sloane Ranger Diary*, avec Diana en couverture.

Les deux ouvrages portent un regard assez satirique sur le phénomène, s'arrêtant sur le style vestimentaire particulier des Sloane Rangers et la liste interminable des règles de bonne conduite, tels les moyens de transport acceptables – Diana conduisait une modeste Volvo quand elle est entrée dans la vie du prince Charles, voiture jugée pratique et robuste par les initiés – ou bien les boissons alcoolisées recommandables. Cet opus est suivi de la publication de *The Official Sloane Ranger Diary* en 1983, avec toujours Diana en couverture.

Peter York, co-auteur de *The Official Sloane Ranger Handbook* explique très bien le phénomène dans une interview parue dans le *Guardian* en 2001: «Appartenir aux Sloane Rangers est un marqueur social des années 1980, qui a trait aux conventions et aux usages de la haute bourgeoisie. Ce n'est pas un état d'esprit mais vous savez que vous en faites partie.»

Les robes à fleurs Laura Ashley, les intemporels Barbour en coton huilé, les vestes en tweed de Bill Pashley appartiennent à la garde-robe de ces jeunes d'une vingtaine d'années qui y ajoutent parfois des pièces plus luxueuses provenant de chez Chanel ou Burberry. La règle d'or du Sloane Ranger consiste à se vêtir de façon «raisonnable». Même si l'influence de la mode est importante, la quintessence du Sloane Ranger est traditionnelle. On peut ainsi voir des jeunes filles porter un pull-over trop large avec une jupe plissée ou fleurie et des chaussures plates. Le pull-over provenant du dressing de leurs chères mamans.

Certaines des premières photographies de Diana datent du tout début des années 1980. On y aperçoit la jeune Sloane Ranger vêtue d'un chandail, d'une jupe légère et de ballerines avec un collier de perles ou des bijoux assez simples qui lui donnent un air angélique. Elle n'est pas vraiment coiffée, son maquillage est minimal, ce look va la définir pendant plusieurs années. Pas de brushing, pas de rouge à lèvres, avant qu'elle ne devienne l'invitée prestigieuse de grands évènements mondains.

L'une des toutes premières photos de Diana va faire la une des magazines du monde entier, les journalistes vont se mettre à décortiquer ses choix vestimentaires, une tendance qui la suivra toute sa vie. Diana n'a que dix-neuf ans quand le photographe accrédité par Buckingham, Arthur Edwards, la fait poser sur son lieu de travail, la crèche Young England à Pimlico. Dans le soleil, la jupe de la jeune fille laisse apparaître la silhouette de ses jambes fuselées.

« Personne n'y a cru, mais c'est pourtant vrai, en pleine séance de pose, le soleil a surgi », déclare Arthur Edwards à *Today.com* en 2017, niant que le cliché a été planifié ou était destiné à embarrasser la jeune assistante maternelle. Elle en subit pourtant immédiatement les conséquences, l'attention de la presse à son égard ne faisant que s'amplifier. Diana aurait dit à Charles « qu'elle ne voulait pas être connue comme la petite amie qui ne porte pas de jupon ». Cette photo sera bientôt éclipsée par toutes celles qui suivront.

La jeune fille de bonne famille, douce et discrète, est la parfaite ambassadrice du look et du style de vie des Sloane Rangers. Mais son existence simple se voit bouleversée quand sa relation avec Charles se concrétise et que la jeune Diana Spencer, assistante maternelle, devient la princesse de Galles, modèle pour les femmes du monde entier, philanthrope et mère de deux enfants. Ce nouveau statut est accompagné d'une évolution stylistique qui fera la une de la presse et que ses fans attendront avec toujours plus d'impatience.

CI-DESSUS Diana et deux enfants dont elle s'occupe à la crèche de Pimlico. Cette photographie est la première de toute une série qui se retrouvera dans les magazines du monde entier.

DOUBLE PAGE SUIVANTE Habillée dans le plus pur style Sloane Ranger, Diana est prise en chasse par les paparazzis à la sortie de son appartement de Londres en novembre 1980.

THE LITTLE
BOLTONS.
LEADING TO
REDCLIFFE SQUARE

La princesse

Diana se prépare à la photo officielle qui annoncera ses fiançailles avec le prince Charles, elle se rend chez Bellville Sassoon, une boutique de Knightsbridge, pour y dénicher la tenue idéale. Elle sait que le cliché sera reproduit sur tous les mugs, les torchons de vaisselle, les assiettes commémoratives et dans la presse internationale. Elle parcourt les rayons en quête d'inspiration, une vendeuse qui ne la reconnaît pas l'informe que la boutique va bientôt fermer et lui recommande d'aller plutôt chez Harrods à deux pas. Quand le duo de créateurs de la marque Bellville Sassoon apprend ce qu'il s'est passé, il se confond en excuses et supplie Diana de revenir au plus vite. C'est le début d'une longue amitié entre la princesse et les stylistes Belinda Bellville et David Sassoon. Ils confectionneront pour elle nombre de tenues dont certaines des plus emblématiques. Cette charmante anecdote montre bien l'ampleur de la transformation physique qui sera celle de Diana, un changement en accord total avec la société dans laquelle elle évolue.

En 1981, alors que le couple ne s'est rencontré que treize fois, les fiançailles de Charles et Diana sont officialisées. L'annonce s'accompagne d'une interview et d'une séance photo dont les images feront le tour du monde.

Diana porte un tailleur bleu de la maison Cojana, qui se marie merveilleusement avec sa bague de fiançailles, 1981.

« On l'a vu évoluer de "Shy Di" aux yeux baissés, à une femme beaucoup plus sûre d'elle, elle a fait ce qu'il fallait pour ça. »

ANWAR HUSSEIN

Diana a l'air timide dans son tailleur bleu roi, choisi peut-être pour s'accorder avec le saphir de sa bague de fiançailles, à moins qu'il ne traduise son appartenance nouvelle à la maison royale.

Le chemisier imprimé à lavallière n'est pas forcément à première vue ce qu'une toute jeune femme choisirait, mais il lui confère une certaine gravité et souligne subtilement qu'elle est un bon parti pour son fiancé de douze ans son aîné.

Mais l'expression de Diana trahit sa jeunesse. L'apparence quelque peu raide du couple est peut-être due au malaise de la jeune fille dans sa tenue trop formelle, à sa peur panique des caméras ou bien au manque de complicité des fiancés qui se connaissent si peu. Plus tard, la princesse donnera sa propre version des faits pour expliquer ce moment un peu gauche. En 1992, elle se souvient qu'un reporter a demandé ce jour-là: « Êtes-vous amoureux? », ce à quoi elle a immédiatement répondu « oui », quand Charles a dit: « Tout dépend de ce que l'on met dans le mot amour. »

À Balmoral en 1981, Diana pose dans un chandail rose vif de style péruvien, copié de nombreuses fois les années suivantes.

Le mois de mai 1981 marque une étape importante dans le parcours royal de Diana. Le prince Charles l'invite au château de Balmoral en Écosse, lieu de prédilection de la reine Élisabeth. On dit que Diana serait arrivée avec une toute petite valise, ce qui aurait beaucoup inquiété les personnes en présence. La future princesse aurait-elle été mal préparée à sa visite royale? Bien au contraire, il semblerait qu'elle ait passé avec brio le test de la «rencontre avec la famille», d'ailleurs quelques mois plus tard le couple se marie. L'une des photographies les plus célèbres du week-end à Balmoral montre la jeune Diana vêtue d'un pull-over rose vif à motifs péruviens associé à un pantalon en velours côtelé marron et à des bottes en plastique de la marque Hunter. Ces choix à la fois innocents et pourtant très assurés suggèrent que la perspective de devenir un membre éminent de la famille royale n'impressionnait pas du tout la jeune femme.

Amy Roberts, directrice des costumes de la série *The Crown*, a déclaré au *Financial Times*: «À partir du moment où elle est fiancée et où elle vit au Palais, Diana est très critiquée. On dit qu'elle accumule les nouvelles tenues et c'est vrai. À cela Diana rétorque qu'elle ne possède presque rien, une adolescente s'habillant si peu. Elle entre dans un monde dont elle ne soupçonne pas l'existence et qui n'est pas vraiment fait pour elle.»

Le 29 juillet 1981, lady Diana Spencer devient la princesse Diana en épousant le prince Charles dans l'abbaye de Westminster, une cérémonie retransmise en direct à laquelle assistent

Ce sont les stylistes Elizabeth et David Emanuel qui imaginent avec Diana sa spectaculaire robe de mariée, photographiée ici le 29 juillet 1981.

750 millions de personnes à travers le monde. La robe de Diana devient le symbole même de son passage à l'âge adulte, elle témoigne d'une nouvelle ère dans l'histoire de la mode.

Eleri Lynn, commissaire de l'exposition «Diana: Her Fashion Story» (2018), déclare au journal *The Independent* en 2021: «C'est grâce à l'information en continu, aux tabloïds et aux débuts de l'ère numérique que Diana a pu apprendre si rapidement les us et coutumes de la garde-robe royale. Sa propre façon de s'habiller a eu sur le grand public un impact incroyable et un effet immédiat.»

En 1982, Diana est enceinte de l'héritier du trône mais cela ne l'empêche pas de s'amuser avec ses vêtements. Elle multiplie les tenues de grossesse, ainsi lors d'un match de polo à Windsor, on l'aperçoit vêtue d'un pull en laine orné d'un koala (très convoité aujourd'hui) et d'un pantalon en velours. Quelques mois avant que la princesse ne donne naissance à son fils William, elle fait sensation au Barbican dans une robe du soir en mousseline écarlate signée David Sassoon.

Au cours des années suivantes, Diana se joue de plus en plus de la mode, que ce soit en portant les couleurs canadiennes lors de la fête nationale à Edmonton (Alberta) le jour de son propre anniversaire, ou bien en arborant une incroyable robe asymétrique bleu électrique signée Bruce Oldfield et ornée d'un imprimé en cercles concentriques.

La maternité sied à la princesse Diana, ici dans une robe David Sassoon, 1982.

« Les tenues des femmes enceintes à cette époque n'avaient **rien à voir** *avec celles d'aujourd'hui, plus épurées et près du corps. La princesse Diana* **s'est jetée tête la première** *dans les tendances et elle s'est beaucoup amusée. »*

RICKIE DE SOLE, RÉDACTEUR EN CHEF DE *VOGUE*

Diana très décontractée dans une robe chemise rose, lors d'un match de polo en 1982.

En 1983, Diana s'éloigne de ses amours d'antan. Terminés les lainages, la princesse ose l'extravagance, et ses tenues audacieuses font bientôt le buzz dans les soirées officielles. Celle que la presse a surnommée «*Shy Di*» en raison de son caractère doux et naïf est désormais «*Dynasty Di*», en référence à la série télévisée à succès où Joan Collins rayonne dans des ensembles éclatants aux tissus inattendus et aux coupes originales. C'est à cette époque que Charles et Diana entreprennent une tournée en Australie, traversant le pays de long en large et offrant leurs plus beaux sourires à la presse extatique. La popularité de Diana atteint des sommets jusqu'alors jamais égalés, il en va de même pour ses épaulettes.

En 1989, la princesse s'aventure outre-Atlantique lors d'un voyage solitaire destiné à promouvoir «l'industrie britannique à l'étranger». On chuchote que des frictions, de plus en plus fréquentes entre le prince et elle, l'ont conduite à entreprendre ce voyage seule. Sa visite de trois jours à New York est l'occasion d'affirmer son nouveau rôle d'icône du style à l'échelle internationale. Et tandis que les quartiers chics et les boutiques à la mode de Big Apple attendent avec fièvre une éventuelle visite de la princesse, cette dernière se montre beaucoup plus intéressée par ses activités philanthropiques. La presse américaine a spéculé sur les magasins que la princesse allait dévaliser mais c'était sans compter la nouvelle dimension royale de lady Diana et l'aspect caritatif qu'elle entend dorénavant développer.

La princesse s'approprie le drapeau canadien avec cette robe vermillon à l'immense collerette lors d'une tournée royale au Canada en 1983.

CI-CONTRE Au tout début de sa grossesse, lady Diana porte une robe rose de style marin pour le mariage d'une amie à Londres en 1982.

CI-DESSUS La princesse Diana avec Joan Collins et Bruce Oldfield lors d'un évènement caritatif au Barnardo's, 1985.

« On a dit qu'elle était encore *plus belle* en chair et en os. *Lors d'une visite dans les locaux du magazine* Vogue, *le département artistique qui l'a beaucoup critiquée tombe sous son charme. Et c'est vrai qu'elle possédait un* éclat extraordinaire, elle était magnétique *et transcendait n'importe quel* vêtement. »

ANNA HARVEY, *VOGUE*

Les proches collaborateurs de la princesse Diana

La princesse est connue pour son originalité et son profond désir de faire les choses à sa manière. Mais avouons qu'elle n'est pas passée du statut de Sloane Ranger à celui d'icône mode de sa génération sans un petit peu d'aide. Et c'est là qu'intervient Anna Harvey. Leurs chemins se croisent pour la première fois en 1980. La rédactrice en chef du magazine *Vogue* et Diana vont devenir les meilleures amies du monde, une relation indéfectible qui se poursuivra jusqu'aux derniers jours de la princesse. C'est Anna qui présente à Diana ses créateurs favoris, dont Catherine Walker, la créatrice d'origine française, qui n'était pas son unique styliste malgré ce que l'on a pu croire.

Quand Catherine Walker meurt en 2010, Anna Harvey déclare à *Vogue*: «Catherine a pris une fille qui était le prototype de la Sloane Ranger avant son mariage, elle a su la transformer, elle lui a donné un nouveau style simple, épuré, reconnaissable entre mille, et ce tout en respectant les prérogatives royales.»

Diana entretient des relations très étroites avec ses stylistes préférés. Bruce Oldfield, Gianni Versace, David Sassoon, Jacques Azagury, Elizabeth et David Emanuel, tous évoquent leur collaboration affectueuse avec elle. Se souvenant de l'une de ses premières rencontres, David Emanuel déclare: «Diana était la plus belle des femmes, à l'intérieur comme à l'extérieur. Ce n'était pas tant son look, ses robes ou la mode, non elle

K·L
12

était profonde et douce. Elle était si jeune. » Catherine Walker, elle, a toujours refusé d'évoquer Diana dans la presse.

Les stylistes de la princesse lui offrent une échappatoire à son existence de plus en plus angoissante, ils l'aident à s'épanouir, ils en font une icône mode.

« Je pensais au début qu'elle était un peu perdue. Mais elle est devenue rapidement très autonome grâce à la mode. Cela a été une respiration pour elle, comme une sorte d'armure pour masquer tout ce qui n'allait pas. Un abîme s'est ouvert entre ce qu'elle ressentait profondément et ce qu'elle montrait au monde », confie à *Vogue* en 2017 la créatrice Arabella Pollen.

Un autre nom essentiel du panthéon stylistique de la princesse Diana est celui de Liz Tilberis. Les deux femmes se rencontrent quand la créatrice travaille au *Vogue* anglais et que Diana découvre l'univers de la mode. Par la suite Tilberis devient rédactrice en chef de *Harper's Bazaar*. Une complicité encore plus forte se tisse au cours des dix dernières années de la vie de la princesse, quand cette dernière voit son mariage s'étioler et que Tilberis suit une chimiothérapie pour traiter un cancer des ovaires. C'est aux côtés de Liz Tilberis que Diana assiste au Met Gala de 1996 et porte l'un de ses looks les plus célèbres.

DOUBLE PAGE PRÉCÉDENTE La princesse Diana pose avec son amie et collaboratrice Catherine Walker devant l'une de ses créations. Kensington Palace, 1993.

CI-DESSUS Diana choisit des échantillons de tissus avec les stylistes, Elizabeth et David Emanuel. Le duo va concevoir certaines des tenues les plus célèbres de la princesse dont sa robe de mariée.

CI-DESSUS David Sassoon, l'un des créateurs préférés
de la princesse Diana. Ici lors d'une soirée caritative en 1997

CI-CONTRE L'un des soixante-dix croquis réalisés
par David Sassoon pour la princesse Diana.

Bellville Sasso
Lorcan Mulla

Indépendance

Diana est connue pour se jouer des usages vestimentaires officiels durant son mariage avec le prince Charles. Une fois la séparation prononcée, lesdits usages sont définitivement enterrés. Les années 1990 changent la donne. La mode devient un moyen de s'exprimer et la garde-robe de Diana n'échappe pas à la règle, illustrant à merveille sa nouvelle indépendance.

« Elle s'est métamorphosée en une femme très sûre d'elle dans son travail. Elle était courageuse obstinée », déclare Jasper Conran, « la princesse mijaurée avait disparu. Elle ne jouait plus aucun rôle. Elle avait trouvé son rôle. »

Ce ne sont pas seulement ses tenues qui l'aident à s'affirmer. Sa coiffure joue un rôle clé dans sa métamorphose. Interrogée sur le moment de sa vie où elle est passée du statut de « victime » à celui de « vainqueur », Diana explique que son coiffeur Sam Knight n'y a certainement pas été étranger en 1991. « Je suppose que c'était l'été dernier, quand Sam a rafraîchi ma coupe », déclare-t-elle. « Cela m'a transformée. » Il faudra encore attendre quelques années avant que le couple royal n'annonce sa séparation, mais nombreux sont ceux qui se souviennent de cette période comme de celle où Diana est entrée dans une nouvelle ère d'assurance et de confiance en elle.

« Elle s'est métamorphosée en une femme très sûre d'elle et consciente de son travail. Elle était **courageuse** *et* **obstinée**... *La princesse mijaurée avait disparu. Elle ne jouait plus aucun rôle. Elle avait trouvé son rôle. »*

JASPER CONRAN

Diana, très sûre d'elle, dans une robe en soie turquoise signée Versace, 1996.

Diana et Charles se séparent en 1992 et divorcent en 1996. Au Royaume-Uni, les années 1992 et 1993 enregistrent le taux de divorce le plus élevé. Des couples en vue se séparent tels Mark Phillips et la princesse Anne dans la famille royale, ou Johnny Depp et Winona Ryder à Hollywood. Ces derniers n'étaient pas mariés mais pour la jeunesse d'alors, ils étaient le seul couple qui comptait vraiment. À cette époque, nombre de femmes éprouvent une énergie débordante et des envies d'indépendance. Elles peuvent faire tout ce qu'elles souhaitent, même envoyer balader les diktats d'une mode qui ne leur convient plus.

Bimini, drag-queen, artiste et personnalité en vue du monde de la mode déclare: «J'ai le sentiment qu'à ce moment-là, Diana est beaucoup plus à l'aise, elle a confiance en elle, le public le ressent. Elle sait qu'elle peut utiliser sa façon de s'habiller pour communiquer. Il ne s'agit pas d'être scandaleux et de se promener avec une lanterne sur la tête mais durant ces années-là, Diana ose porter des tenues audacieuses, parfois même provocantes. C'est une femme très intelligente. Elle sait jongler avec l'*establishment*, repousser les limites et user des médias à son avantage.»

À cette époque, Diana aime les contrastes et alterne un style glamour haute couture avec une mode plus décontractée. Jean et sweat pour tous les jours, quand sur les tapis rouges elle prend la pose et brille de mille feux dans des tenues extravagantes. Ses robes sont plus courtes que ce qu'elle portait auparavant et les bretelles si fines de ses corsages sont le summum du style. Elle arbore avec fierté des toilettes signées Versace, Jacques Azagury ou Moschino, une garde-robe proche de celle des popstars et des actrices de l'époque. L'impact royal ne se fait plus du tout sentir, Diana est libre et

« Elle entrait dans une pièce et donnait l'impression que *tout allait si bien. »*

ELTON JOHN

La princesse Diana et Mère Teresa aux Missionnaires de la Charité à New York, 1997.

USA

savoure ce sentiment de puissance en plongeant allègrement dans les tendances des années 1990, tout en y apportant sa touche personnelle.

«Elle était très à l'aise, autant en robe du soir qu'en jean. Et c'est quelque chose qui est assez courant aujourd'hui, pouvoir être plusieurs femmes à la fois et le vivre pleinement. Pouvoir être soi-même finalement et en avoir conscience», déclare Sidonie Roberts, costumière et acheteuse pour la série *The Crown*.

Lorsqu'elle ne se rend pas dans un pays déchiré par la guerre pour une mission humanitaire ou qu'elle ne participe pas à un gala destiné à récolter des fonds pour la recherche contre le cancer, ce que préfère la princesse dans les années 1990, c'est d'aller à son club de sport. L'un de ses looks les plus célèbres reste sans doute cet ensemble composé d'un short cycliste en élasthanne et d'un sweat-shirt trop large qu'elle porte pour se rendre au Harbour Club à Chelsea.

Qu'il s'agisse d'une coupe de cheveux inédite, d'une activité singulière ou même d'un nouvel amant, Diana aborde les dernières années de sa vie avec un sentiment de puissance et de liberté chèrement gagnée, elle a enfin acquis cette indépendance qui lui a été si longtemps refusée. Aux yeux du public, elle n'a jamais vraiment été considérée comme une adulte, trop protégée par une institution extrêmement autoritaire et corsetée. La femme la plus célèbre de la planète est désormais célibataire et le monde attend avec impatience de découvrir son prochain mouvement – et son prochain look.

L'un des nombreux looks de Diana allant faire du sport continue d'inspirer ses fans des années plus tard, ici en 1997.

Les plus

CHAPITRE 2

beaux looks

Il n'est pas si simple d'identifier les looks les plus marquants de Diana au cours des vingt années passées sous les feux des projecteurs. Chaque tenue raconte un moment de son histoire personnelle ou royale. Mises les unes à la suite des autres, elles tissent un récit qui allie une tristesse profonde à une énergie folle. Les messages transmis par le biais de ses toilettes sont réfléchis, ils représentent un choix tactique, une communication silencieuse, ils seront même parfois décryptés des années plus tard.

Elizabeth Debicki, qui a incarné avec brio Diana dans les cinquième et sixième saisons de *The Crown* a déclaré: « C'est une chose extraordinaire à vivre. Décider de ce que l'on a envie de révéler à travers les tenues que l'on porte... comme une monnaie d'échange, une monnaie incroyablement puissante. »

Les années royales

L'existence de la princesse de Galles est faite de hauts et de bas, elle expérimente de véritables montagnes russes et s'efforce de naviguer entre l'attention des médias, la maternité et les obligations royales. La plupart des jeunes de vingt ans se consacrent à leur carrière, n'envisageant que plus tard mariage et parentalité. Diana doit faire face à tout cela en même temps, sous les yeux d'un public international et d'une presse critique. Son sens du style et de la mode se développe au fur et à mesure qu'elle s'affirme. Son goût pour les robes à fleurettes aux tissus vaporeux, se mue peu à peu en une passion pour les coupes nettes, parfois

Diana porte une rose à pois rose Donald Campbell et un chapeau John Boyd lors d'une visite royale à Perth (Australie) en 1983.

« Tant de gens m'ont **apporté leur soutien** *tout au long de ma vie publique, je ne les* **oublierai jamais.** *»*

PRINCESSE DIANA

Une Diana angélique pose pour un portrait, elle est vêtue d'une robe à large collerette et arbore une paire de boucles d'oreilles en perles. 1983.

androgynes, pour la haute couture et les couleurs vives. Que Diana assiste à un évènement quelconque ou aille chercher ses enfants à l'école, toutes les occasions sont bonnes pour scruter ses tenues.

Prouvant qu'elle peut allier l'élégance d'une princesse à un look moderne (les années 1980 sont connues pour leur amour des pois), lady Diana visite l'hôpital Fremantle de Perth en Australie dans une robe audacieuse rose et flashy créée par le couturier canadien Donald Campbell. Elle met en valeur sa silhouette, grâce à ses manches légèrement bouffantes et sa ceinture large. La robe est accessoirisée d'une coiffe assortie imaginée par le très respecté modiste britannique John Boyd et d'une pochette blanche très simple.

Catherine Walker, au sommet de son art, crée la robe blazer intemporelle portée par lady Diana lors d'une visite de la base navale La Spezia en Italie (1985). Ce modèle à fines rayures se ferme par un double boutonnage et comporte un revers très large – et pourquoi pas? Mais ce qui fait le chic de la tenue, c'est le bibi Kangol. Cette maison, tout ce qu'il y a de plus anglais, a couronné les têtes de toutes les célébrités des années 1990 à 2000, avec ses chapeaux seau et ses casquettes plates qui arborent tous un petit kangourou, célèbre logo de Kangol. Même s'il semble que le logo n'ait pas été apposé sur le chapeau de Diana, on ne peut nier qu'elle était en avance sur son temps.

C'est à Catherine Walker que revient tout le mérite de cette tenue à double boutonnage, portée ici avec un chapeau Kangol lors d'une visite royale en Italie en 1985.

CI-CONTRE Lors de la visite royale en Italie en 1985, Diana porte une robe de Catherine Walker avec un chapeau de John Boyd.

CI-DESSUS À l'Académie militaire de Sandhurst en 1987, la princesse Diana arbore un look assez adapté avec une robe signée Catherine Walker.

« Je ne suis aucune règle. »

PRINCESSE DIANA

Sur l'île de Wight en 1988, Diana rayonne dans un manteau noir et jaune Escada et un chapeau de Philip Somerville.

Diana était-elle la première adepte du «*dopamine dressing*»? On dirait bien que oui. Pour preuve la robe étonnante arborée lors d'une visite royale à Abou Dhabi aux Émirats arabes unis en 1989. Cette création de Catherine Walker associe le rose vif et le rouge vermillon, elle est agrémentée d'un chapeau à larges bords au ruban rose fixé par une épingle dorée, et dessiné par Philip Somerville, le modiste préféré de la famille royale. Ce look a définitivement enterré l'idée reçue selon laquelle le rose et le rouge ne devraient jamais être associés.

Plus de trente ans plus tard, nous constatons que ce soi-disant *fashion* faux pas a non seulement résisté à l'épreuve du temps mais a aussi inspiré de nombreux couturiers tels Giambattista Valli, Rick Owens et la New-Yorkaise Mara Hoffman. Ils ont tous usé d'associations de couleurs vives dans leurs collections les plus récentes. Mara Hoffman a même créé une robe *Sloan* qui mêle le rouge, le rose et la forme débardeur. *Sloan* comme Sloane Ranger... on peut s'interroger sur un éventuel hommage rendu à Diana.

Diana s'affranchit de tous les diktats de la mode en arborant une robe rouge et rose créée par Catherine Walker et associée à un chapeau de Philip Somerville, Abou Dhabi, 1989.

CI-CONTRE Ce chapeau turban imaginé par Philip Somerville a remporté tous les suffrages lors de la visite de Diana au Moyen-Orient en 1989. Il est associé à une robe Catherine Walker.

CI-DESSUS C'est l'Italien Moschino qui habille la princesse d'un tailleur vert olive lors de sa visite au Japon en 1990.

« J'avais parfaitement conscience de mon job ; aller à la rencontre des **gens** *et* les *aimer.* »

PRINCESSE DIANA

Pour cette messe de Noël qui suit sa séparation avec Charles, Diana porte un manteau rouge sur une robe noire avec un chapeau à voilette coordonné. Ce look a été repris par Kristen Stewart dans le film *Spencer* sorti en 2021.

Glamour

Avant qu'elle n'épouse le prince de Galles, Diana Spencer n'a guère l'occasion de porter des toilettes somptueuses, des tiares serties de diamant ou des bijoux extraordinaires. Peu à peu, elle acquiert une certaine assurance, elle s'émancipe du regard du public et les tenues glamours envahissent sa garde-robe. Les looks de la princesse, dans leurs moindres détails, vont rythmer l'histoire de sa vie, de son entrée dans l'âge adulte, à l'explosion de sa féminité, en passant par son statut de femme indépendante, célibataire et sûre d'elle.

Imaginez que la robe que vous avez choisie pour sortir fasse tellement parler d'elle que le gouvernement britannique soit obligé de reporter l'annonce du budget de l'année. C'est le genre d'impact que Diana a sur les médias en 1981, avant même son mariage avec le prince Charles. En l'occurrence, lors du premier engagement officiel du couple, un gala de charité au Goldsmiths' Hall, Diana souhaite se montrer sous son meilleur jour. Elle demande aux stylistes Elizabeth et David Emanuel d'imaginer une robe en tulle pastel qui corresponde à son côté innocent. Mais l'histoire raconte que Diana repère une robe noire sans bretelle dans le studio des stylistes et décide que ce sera elle ou rien. Et le projet de tulle romantique passe aux oubliettes.

Diana fait la une des journaux dans cette robe noire d'Elizabeth et David Emanuel, arborée lors de la première sortie officielle du jeune couple en 1981.

Elizabeth Emanuel est fière de présenter cette toilette, entrée dans l'histoire comme l'un des looks mythiques de la princesse Diana. Le modèle a été vendu près de 200 000 livres sterling lors d'une vente aux enchères en 2010.

À cette époque, la jeune Diana ne saisit pas encore l'étendue de son pouvoir dans les médias, elle choisit cette robe sans en mesurer l'impact dans la presse, sur le public et dans l'histoire de la mode.

Ce modèle en taffetas découvre les délicates épaules de la jeune fille, mettant en valeur son décolleté. Le bustier en forme de cœur et le nuage de froufrous parent Diana d'une aura incroyable. La famille royale est connue pour ses codes vestimentaires assez stricts, le noir étant réservé aux périodes de deuil. Et pourtant, elle a beau être discrète et timide, ce soir-là Diana n'en fait qu'à sa tête. C'est là le signe précurseur de l'approche rebelle qu'elle adoptera dans les années à venir. Du jour au lendemain, elle se mue en icône de la mode et nous comprenons pourquoi.

Le 29 juillet 1981, Diana Spencer devient princesse de Galles. Une telle occasion exige une robe de mariée à nulle autre pareille. La rumeur dit que des milliers de croquis arrivent au palais, les couturiers se disputant la chance de concevoir cette pièce que le monde entier va admirer. Mais pour Diana, le choix est fait depuis longtemps. Et il est évident.

Diana a déjà collaboré avec les Emanuel et porté nombre de leurs créations, elle souhaite poursuivre cette coopération. La prochaine pièce qu'elle leur commandera changera leur vie à tout jamais.

David Emanuel s'en souvient comme si c'était hier: «C'est arrivé comme ça. Elle a appelé le studio et dit: "Voulez-vous me faire l'honneur de dessiner ma robe de mariée?"». Les Emanuel se mettent immédiatement à l'ouvrage, ils imaginent cette robe qui impressionnera 750 millions de téléspectateurs dans le monde entier.

C'est l'un des secrets les mieux gardés, la création la plus confidentielle de l'histoire de la mode. La robe portée par Diana Spencer lors de son mariage avec le prince Charles le 29 juillet 1981 est un véritable tour de force. Dotée d'une multitude de détails tous plus romantiques les uns que les autres, cette toilette est l'essence même du conte de fées que Diana se voit promettre de vivre avec son royal époux.

Le cahier des charges est inexistant. Elizabeth Emanuel déclare au magazine *People* en 2018: «Diana était tout simplement adorable et si facile à satisfaire. Nous n'avons jamais eu d'instructions particulières pour cette robe et cela a rendu la chose encore plus joyeuse. Ce projet était une aventure.»

La somptueuse robe en soie comporte une collerette volantée, des manches bouffantes (très en vogue à cette époque), une jupe volumineuse ornée de dix mille perles et un fer à cheval en or 18 carats, cousu secrètement dans le bustier pour porter chance à la princesse. Ce qui la caractérise vraiment, c'est la traîne de plus de huit mètres qui couvre toute la largeur de l'allée de l'abbaye de Westminster et le voile de tulle qui s'étend sur plus de cent quarante mètres. La traîne est considérée à ce jour comme la plus longue de l'histoire de la royauté. Le «quelque chose de vieux» traditionnel est symbolisé par la dentelle très ancienne de Carrickmacross qui appartenait à la reine Mary et a été cousue dans le modèle.

La touche finale revient au diadème de style guirlande qui provient du célèbre joaillier de la Couronne, Garrard de Mayfair. Il a été réalisé en 1930 à partir de diamants appartenant aux Spencer. La mère de Diana, Frances Shand Kydd (elle s'est remariée en 1969), lui prête ses boucles d'oreilles en diamants et brillants pour un éclat maximal.

Diana devient princesse de Galles dans une robe dessinée par les Emanuel en 1981.

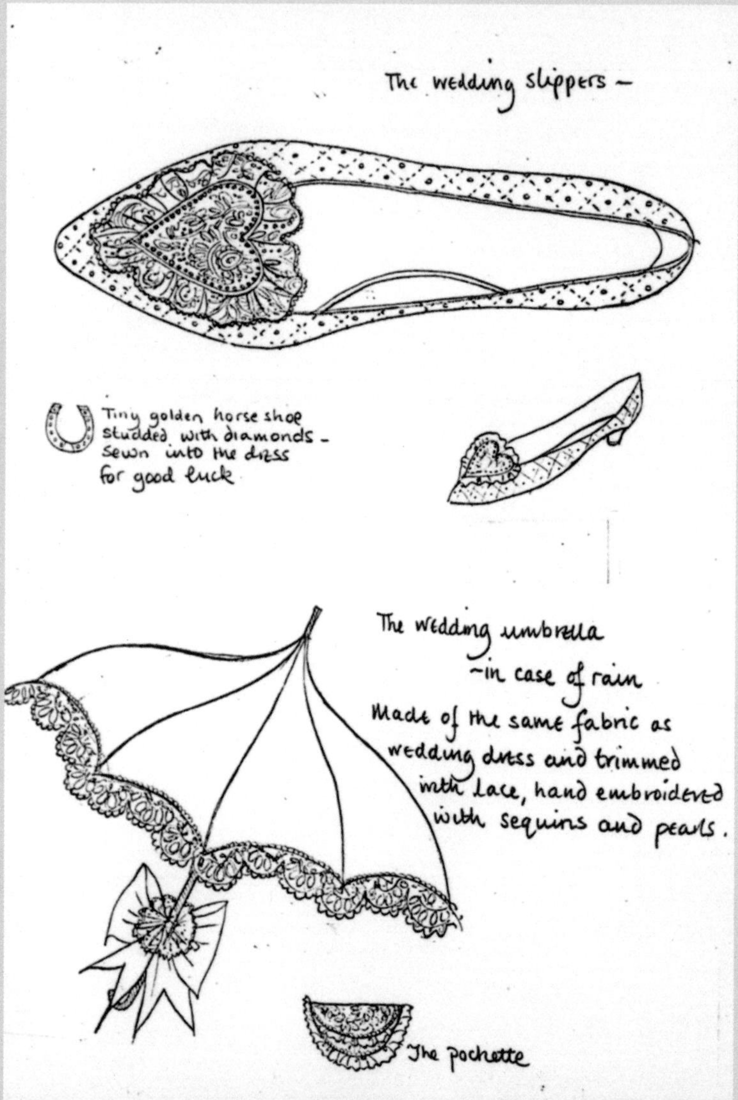

Croquis des Emanuel représentant les chaussures de mariage de Diana ainsi qu'un parapluie créé sur mesure en cas de pluie le jour J.

Elizabeth Emanuel travaille avec le célèbre chausseur britannique Clive Shilton pour les souliers en satin de soie, recouverts de cinq cent quarante-deux paillettes et de cent trente-deux perles de rocaille. Ils arborent un motif en cœur sur le bout du pied. Le talon est assez bas (pour que Diana ne domine pas le prince), une décision que *Vogue Italia* qualifie d'hymne à la romance. «Cela prouve tout de même une grande tendresse mais aussi une certaine naïveté de la part d'une femme qui ne sait pas encore ce que l'avenir lui réserve, à elle et au prince qu'elle aime», déclare Anna Maria Giano, rédactrice en chef de *Vogue Italia*, dans un article publié en ligne en juillet 2022.

La robe suscite un tel engouement dans le secteur des robes de mariée que des répliques identiques pleuvent quelques heures à peine après le mariage. Et dans les jours qui suivent, on peut voir les copies exposées dans les vitrines des magasins.

Quatre mois après son mariage, la beauté de Diana assoupie est capturée par un cliché devenu culte quand elle s'endort lors d'un évènement au Victoria & Albert Museum de Londres. La princesse de Galles est vêtue d'une robe fluide Bellville Sassoon, aux motifs peints à la main. Ses épaules sont découvertes et sa taille serrée par un ruban de satin. Diana porte un collier de plusieurs rangs de perles qui va devenir sa marque de fabrique, des boucles d'oreilles et un bracelet assortis.
Le palais annonce le lendemain que la jeune femme de vingt ans, surnommée «la Belle au bois dormant» par la presse, est en fait épuisée par le début de sa grossesse.

DOUBLE PAGE SUIVANTE La célèbre robe de mariée présentée au public lors de l'exposition « Royal Style in the Making » à Kensington Palace en 2022.

« Il m'a fallu beaucoup de temps pour comprendre pourquoi les gens s'intéressaient tant à moi. »

PRINCESSE DIANA

« La Belle au bois dormant », Diana dans une robe pastel de Bellville Sassoon assistant à un évènement au Victoria & Albert Museum à Londres en 1981.

CI-CONTRE Diana resplendit dans une robe écarlate de Bellville Sassoon lors d'un ballet au Royal Opera House en 1982.

CI-DESSOUS Les volants si féminins du modèle conçu par le duo Emanuel lors d'une visite royale au Claridge en 1981.

Diana adore les paillettes qui font fureur dans les années 1980. Ainsi de la toilette imaginée par Bruce Oldfield (à droite) pour une soirée de gala en Australie en 1983. Le modèle aigue-marine irisé créé par Bruce Oldfield est couvert de volants et de fils métalliques sur toute sa longueur. Une ceinture en cuir métallisé et des chaussures à talons viennent parfaire le tout. Lady Diana est parée d'un collier de diamants, d'un bracelet et de boucles d'oreilles assortis. Les nouveaux parents (le prince William est né huit mois plus tôt) dansent amoureusement toute la nuit (le passe-temps favori de Diana). Vous reconnaissez ce look évidemment, il a fait la une de la presse en 1983. On le voit également porté par Emma Corrin dans la quatrième saison de la série *The Crown* sur Netflix.

La visite royale en Australie dure six semaines. Le dernier soir, le prince et la princesse assistent à un dîner à Melbourne. Sur les conseils d'Anna Harvey, Diana choisit une robe conçue par le couturier japonais indépendant Hachi. Une tenue époustouflante, asymétrique, une épaule est dénudée, l'autre non. La robe est en soie blanche et présente des perles argentées et des médaillons sur les hanches et l'épaule. C'est l'une des robes favorites de la princesse. Elle la porte à nouveau la même année, puis en 1985 à la National Gallery de Washington, et enfin en 1989 pour la première londonienne du seizième James Bond, *Permis de tuer*. La robe est vendue aux enchères 60 000 dollars en juin 1997, quelques mois avant la mort de Diana en août, la même année.

Les fans de *The Crown* reconnaîtront cette robe aperçue dans la saison 4 de la série. L'originale est dessinée par Bruce Oldfield, la princesse la porte avec une ceinture métallisée et des escarpins assortis, 1983.

*« J'ai un **instinct féminin** et je ne me trompe jamais. »*

PRINCESSE DIANA

Le créateur japonais Hachi a conçu cette robe asymétrique portée par Diana pour une projection à Leicester Square, Londres, en 1983.

À la Maison-Blanche en 1985, Diana arbore ce qui va devenir l'une de ses tenues les plus célèbres. C'est l'un des stylistes de la très britannique maison Victor Edelstein qui la conçoit. Diana repère dans son studio une version bordeaux de cette robe. Elle demande à Edelstein de la lui créer en bleu nuit, sa couleur de prédilection. L'essayage a lieu dans la suite de Diana à Kensington Palace, et la princesse est tellement heureuse du résultat qu'elle s'empresse de la montrer au prince Charles.

Diana est irrésistible dans la robe de velours bleu nuit de Victor Edelstein quand elle danse avec John Travolta à la Maison-Blanche. Elle le sait, elle se réjouit de l'effet produit, elle en est enchantée.

Cinéphile avertie, fan de musique, la princesse est très heureuse de rencontrer John Travolta à la Maison-Blanche. L'acteur, connu pour ses talents de danseur, est devenu une star depuis ses rôles dans *La Fièvre du samedi soir* et *Grease*. On dit que Travolta ayant appris que la princesse souhaitait danser avec lui, lui tapote sur l'épaule puis s'incline devant elle pour l'inviter. Diana accepte et ils s'élancent ensemble sur la piste au son du tube des Bee Gees « You Should Be Dancing ».

CI-CONTRE La princesse de Galles assiste à un ballet à Auckland, elle est vêtue d'une robe lilas de Donald Campbell, 1983.

DOUBLE PAGE SUIVANTE Diana retient l'attention du monde entier en dansant avec John Travolta, lors d'une visite à la Maison-Blanche en 1985. Sa robe, créée par Victor Edelstein, restera gravée dans les mémoires sous le nom de « robe Travolta ».

Il n'y a pas que la robe bleu nuit qui attire les regards ce soir-là. La princesse arbore également un magnifique collier ras-du-cou composé de sept rangs de perles et d'un saphir marine entouré de diamants étincelants. Le saphir a été offert à la jeune princesse par la reine mère, en cadeau de mariage. C'était à l'origine une broche ovale en saphir et diamants. Et cela témoigne bien du goût inné de Diana. Ce collier deviendra une pièce emblématique pour la princesse, elle le portera pendant toute la décennie suivante, notamment avec la «*revenge dress*», et en 1996 au Met Gala. Et porter un bijou offert par la grand-mère de votre ex, lors d'un évènement important après votre rupture, quel tour de force!

Au début de l'année 1989, Diana se rend seule à New York pour un voyage de trois jours, une visite à laquelle la série *The Crown* fait référence dans la saison 4. Lors de sa deuxième soirée en ville, la princesse assiste à un gala au Winter Garden du World Financial Center, elle est vêtue d'une robe Victor Edelstein et d'un boléro assorti. La tenue en satin blanc est couverte de perles et captive l'assistance.

«À New York, il est d'usage de porter du noir pour sortir. Lorsque Diana pénètre dans la loge, radieuse dans sa somptueuse robe immaculée avec sa veste boléro assortie, brodée de perles et de strass, la foule est tétanisée», déclare Karen Brooks Hopkins au magazine *People* en 2020.

Diana assiste à la représentation de *Falstaff* au Welsh National Opera dans une robe blanche et nacrée dessinée par Victor Edelstein, 1989.

CI-CONTRE À l'ambassade d'Angleterre à Paris en 1989, Diana porte une robe à fleurs asymétrique rouge et noir de Catherine Walker.

CI-DESSUS La « robe Elvis » de Catherine Walker a contribué à faire de Diana l'une des femmes les plus élégantes du monde, comme on peut le constater ici en 1989.

Il est impossible d'étudier le rapport de Diana à la mode sans évoquer la «*revenge dress*». Nous pouvons spéculer longuement sur la signification des looks portés par la princesse tout au long de sa vie, décryptant tel ou tel message subliminal de Diana, mais concernant cette tenue, le propos est limpide.

En ce mercredi 29 juin 1994, Diana marque l'histoire de la mode. Le prince Charles vient de faire les gros titres de la presse lors d'une interview donnée à Highgrove, au cours de laquelle il avoue sa liaison avec Camilla Parker Bowles (le *New York Times* divulgue l'information deux jours avant la diffusion de l'interview).
Le même soir, Diana assiste à un évènement organisé par *Vanity Fair* à la Serpentine Gallery dans Hyde Park à Londres. Elle porte une petite robe noire époustouflante, signée par la créatrice grecque Christina Stambolian. La silhouette est moulante, le crêpe délicat, le corsage froncé et la ceinture en mousseline de soie noire semble flotter derrière elle. Diana a laissé glisser les manches capuchon qui découvrent ses épaules.

The Telegraph commente: «La princesse de Galles n'était pas vraiment obligée de sortir hier soir et de se pavaner devant les caméras de télévision à la Serpentine Gallery, pour éviter de voir son mari ouvrir son cœur devant des milliers de spectateurs. Elle aurait pu tout aussi bien rester chez elle, regarder un film, jouer au bridge ou simplement se laver les cheveux et se mettre au lit... C'est fou ce que certaines personnes sont prêtes à faire pour braver les spéculations de la presse.»

Diana entre dans l'histoire de la mode avec cette robe signée Christina Stambolian, plus connue sous le nom de «*revenge dress*», Serpentine Gallery, 1994.

« Je n'ai pas d'explication. C'est complètement fou qu'une robe puisse ***marquer l'histoire*** *à ce point… et que la vie de quelqu'un puisse* ***devenir si emblématique.*** *»*

ELIZABETH DEBICKI

Et la légende de la robe n'en finit pas d'enfler. Le 29 juin marque à jamais le jour de la «*revenge dress*» comme le souligne le post Instagram du *Telegraph* le 29 juin 2020: «Fêtons le jour de la revanche [émojis]. Il y a exactement vingt-six ans, la princesse Diana portait la célèbre "*revenge dress*" de la créatrice Christina Stambolian lors d'une soirée à la Serpentine Gallery [émojis]. Cliquez sur le lien pour savoir si cette robe est toujours à la mode.»

En octobre 2022, interrogée par *Entertainment Weekly* qui lui demande ce que cela fait de porter une telle tenue, Elizabeth Debicki, l'actrice australienne qui incarne la «princesse du peuple» dans les deux dernières saisons de *The Crown*, avoue: «Je suis fascinée de voir à quel point les gens ont été marqués par cette robe. Quand j'ai eu le rôle, j'ai reçu des SMS de félicitation mais aussi un grand nombre de messages du style: Tu vas porter la "*revenge dress*"? Oh mon Dieu tu vas porter la "*revenge dress*".»

Elizabeth Debicki
dans la fameuse
« *revenge dress* »
lors de la saison 5
de *The Crown*.

« Elle adorait vraiment le monde de la mode et les gens qui en faisaient partie. C'était comme une échappatoire pour elle. »

STEPHEN JONES

Magnifique et sûre d'elle le jour de son trente-sixième anniversaire dans une robe pailletée de Jacques Azagury, 1997.

Style décontracté

Les toilettes haute couture de Diana enchantent le monde entier, mais ses looks plus accessibles façonnent aussi son image. Certes, elle est la princesse dotée d'une garde-robe de rêve mais aussi une femme dont les goûts personnels ne sont pas tant éloignés de ceux du public. Le week-end, elle s'habille comme tout le monde et cela révèle son intérêt pour la mode de son époque. Elle associe le jean aux bijoux précieux, le t-shirt *oversize* aux sacs à main hyper chics. Ses tenues de tous les jours sont très appréciées par le commun des mortels, aujourd'hui encore certainement. Jetons un coup d'œil à certaines, dont ses fans ne se lassent pas.

On n'a parlé que de lui pendant des semaines. Il faut dire qu'il renvoie au style Sloane Ranger des jeunes années de la princesse. Lui ? Le pull-over «*black sheep*» que Diana étrenne avec un jean bleu pour assister à un match de polo dans lequel joue Charles en juin 1981. Le pull-over vient de chez Warm & Wonderful, une marque indépendante qui a vu le jour sur un étal de Covent Garden à Londres. Derrière la marque, il y a le duo Sally Muir et Joanna Osborne. En 2020, elles avouent au *New Yorker* qu'elles ne savent absolument pas comment Diana s'est procuré ce pull, il lui aurait peut-être été offert par la mère d'un page de son mariage. Diana le porte à nouveau quelques années plus tard, cette fois-ci avec une collerette blanche nouée par un ruban de velours noir, un jean blanc taille haute et d'énormes lunettes de soleil.

Le pull-over créé par Warm & Wonderful deviendra l'un des looks
les plus célèbres de la princesse Diana, ici à un match de polo en 1981.

« *Elle s'habillait de façon à avoir l'air amical et* proche des gens, *elle souhaitait faire naître quelque chose d'assez informel.* »

ELERI LYNN

Un look incroyablement *eighties* porté par Diana lors d'un match de polo en 1983.

CI-CONTRE En 1985 lors d'un match de polo, Diana dans une jupe à fleurs et un chemisier marin.

CI-DESSUS Diana adopte la tendance des années 1980 avec cette robe fleurie plissée à la taille et dessinée par Bellville Sassoon, 1988.

Dans un documentaire datant de 2022, *Diana: Life in Fashion*, la rédactrice de mode Penny Goldstone s'interroge sur la signification du pull-over. «On voit très bien qu'il y a eu un changement entre les deux photos. Sur la deuxième image elle se tient plus droite. Elle fixe en quelque sorte l'appareil photo [...]. Je pense que la première fois qu'elle l'a porté, [elle] ne pensait rien de spécial à ce sujet.» Elle poursuit: «À l'époque, beaucoup de gens ont dit que c'était une espèce de message subliminal car il y avait déjà eu des frictions avec Charles. On commençait à la considérer comme quelqu'un de rebelle, elle ne voulait pas suivre les règles imposées par la famille, elle envoyait bien un message sur le fait que c'était peut-être elle le "mouton noir" de la famille royale.»

Il en faut du savoir-faire pour créer un look qui non seulement continue d'inspirer la mode plus de trois décennies plus tard, mais qui sensibilise aussi le public à une cause. Diana avait ce talent. En 1988, à vingt-sept ans, elle assiste à un match de polo au Guards Polo Club de Windsor. La scène est recréée dans la saison 5 de *The Crown*. Diana porte l'une de ses casquettes de baseball favorites, dont on dit qu'elle lui aurait été offerte par la Gendarmerie royale du Canada, un blazer *oversize*, un sweat blanc de la British Lung Foundation, un jean bleu et des santiags. La British Lung Foundation a été ravie de cette mise en lumière de la part de la princesse. Le sweat était peut-être confortable mais Diana était devenue leur mécène deux ans plus tôt. Le modèle ras-du-cou est toujours disponible sur le site web de la fondation qui l'a renommé «le sweat-shirt de Diana».

La princesse Diana dans un sweat-shirt de la British Lung Foundation avec un jean, des santiags, une casquette de baseball, Guards Polo Club, 1985.

BRITISH

CI-CONTRE L'élégance discrète de la princesse Diana pour aller à l'école se compose d'un cardigan rayé, d'une jupe longue plissée et d'escarpins mi-hauts, 1989.

CI-DESSUS Diana sait parfaitement que le choix d'un imprimé léopard, arboré pendant ses vacances, fera couler beaucoup d'encre, 1990.

Pour les accros d'Instagram, même les tenues de plage doivent être photogéniques. Imaginez maintenant que vous êtes la femme la plus photographiée au monde et que vous êtes invitée sur l'île privée de Richard Branson. Vous savez que les paparazzis surveillent vos faits et gestes 24 heures sur 24. La pression est très forte. Et pourtant elle n'a pas eu raison de la princesse Diana qui, profitant de ses vacances royales, arbore un maillot de bain une pièce et un paréo semi-transparent en imprimé léopard. Ajoutons à cela ses lunettes de soleil préférées, les indémodables Wayfarer. Autant dire qu'elle attire l'attention. L'ensemble léopard est une pièce unique de Jantzen, une marque de Portland, l'une des favorites de la princesse en matière de maillot de bain car ses modèles s'adaptent à son long buste et flattent sa taille d'1,78 m. Lors de ses ultimes vacances, juste avant sa mort, elle porte un modèle similaire, créé cette fois-ci par le couturier israélien Gottex.

En jean de la tête aux pieds, la princesse Diana adopte un look très *nineties* lors de vacances avec ses fils à Lech en Autriche en 1994. C'est à la fois la tenue de la *fashion victim*, mais aussi celle de la bonne copine avec qui l'on adore faire du shopping ou boire un verre après une journée de ski. Diana y associe une ceinture en crocodile, un blouson de cuir classique et des après-ski matelassés blancs. Le jeune prince William porte des *moonboots* fourrées en polaire, un accessoire des années 2000, remis au goût du jour par Hailey Bieber, Iris Apatow et Dua Lipa.

Le jeune prince William et sa mère, en jeans, 1992.

Slazenger

« C'était une **superstar**, *elle faisait partie de la famille royale, mais elle était aussi très* **accessible.** »

TIM GRAHAM

Des détails dorés agrémentent ce look Wimbledon, 1993.

Au cours de l'été 1997, Diana se rend en Bosnie avec le Landmine Survivors Network. La philanthrope de trente-six ans sait que ce n'est pas vraiment l'endroit pour arborer des tenues tape-à-l'œil qui seront allègrement commentées. Pour que l'accent soit mis sur la cause défendue, elle choisit quelque chose de sobre. Elle opte pour un jean clair à taille haute (appelé «jean mom» aujourd'hui) qui met en valeurs ses jambes fuselées et une chemise blanche classique. Ce qui est amusant c'est que ce look des plus simples passera à la postérité comme l'archétype du chic désinvolte. Le pantalon et la chemise sont accessoirisés d'une ceinture en cuir fauve, de chaussures plates de chez Tod's et de discrets bijoux en or. Ce style minimaliste de la fin des années 1990 montre que la princesse sait aussi s'habiller de façon décontractée.

Diana porte un bomber teddy au parc d'Alton Towers avec Harry et William en 1994.

NFL

CI-DESSUS Rien de mieux que le combo jean + blazer comme le prouve ce cliché de Diana faisant du shopping à Knightsbridge en 1994.

CI-CONTRE Diana adorait son sac Gucci à poignées en bambou aperçu ici alors qu'elle sort d'une séance de gymnastique en 1996.

CI-CONTRE Lors de son dernier voyage humanitaire, Diana porte un jean clair, une chemise blanche et des mocassins Tod's, 1997.

CI-DESSUS La garde-robe de Diana pour la Bosnie est sobre, conformément à la mode décontractée de l'époque.

Sportswear

Bien avant que des marques comme Gymshark et Lululemon ne proposent à l'échelle mondiale leurs leggings ultra-stretch à taille haute (Luxtreme®) dotés de technologies avancées pour évacuer la transpiration, le monde de l'«*athleisure*» n'avait rien à voir avec celui que nous connaissons aujourd'hui. Les options proposées au public étaient essentiellement le coton, le nylon et le Lycra® - Diana portait tout cela avec une allure qui s'est perpétuée au fil des années. En 2022, la commentatrice de culture pop Kristen Meinzer déclare à *Newsweek*: «[Diana était en quelque sorte la "princesse de l'*athleisure*" avant même que l'*athleisure* n'existe.» Ses tenues de gym, ses sweats *oversize*, ses shorts cycliste portés avec des baskets et des chaussettes hautes ont influencé de nombreux looks dont Instagram et TikTok sont friands aujourd'hui – et il est aisé de comprendre pourquoi. Il est impossible de ne pas tomber en admiration devant le style décontracté de Diana.

CI-CONTRE Il n'existe rien de plus *nineties* qu'une combinaison de ski multicolore. Diana a choisi celle-ci chez l'Autrichien Kitex pour ses vacances d'hiver en 1993.

DOUBLE PAGE SUIVANTE Diana et Sarah Ferguson savaient être chics aux sports d'hiver. Elles posent ici sous la neige en 1983.

FISCHER

Lors d'un voyage en 1987, où elle retrouve quelques compagnons royaux pour dévaler les pentes de Klosters en Suisse, Diana arbore une tenue totalement *eighties*. Sa combinaison une pièce, l'une des nombreuses que la princesse exhibera au fils des ans, est cintrée à la taille, des bandes roses et vertes barrent la poitrine avec en son centre une étoile fuchsia. Ajoutons à ce look hyper tendance des lunettes de soleil d'aviateur miroir et un *snood* ivoire hyper *cosy*. Fergie, quant à elle, porte des lunettes de ski extra-larges et toujours son incroyable coupe de cheveux ébouriffée. En 2022, la combinaison autrichienne Kitex de Diana est vendue sur un site vintage au prix ahurissant de 3150 livres sterling.

Diana passe une grande partie des années 1990 à s'entraîner dans son club de sport préféré, le Chelsea Harbour Club. Un cadre assez improbable pour des looks qui vont devenir iconiques des décennies plus tard. Sur la photo p. 138 datant de 1995, on aperçoit Diana dans sa tenue préférée: un sweat-shirt *oversize* et un short cycliste de couleur vive. Aux pieds, des baskets Nike Air Max Structure et des chaussettes de sport blanches Reebok. Ce type de look devient très populaire avec l'avènement du Step qui envahit le monde du fitness à la fin des années 1990. Le sweat-shirt marine de Diana lui a été offert par son ami Richard Branson, fondateur de la marque Virgin.

Diana adopte les sweat-shirts larges et les shorts cycliste emblématiques des années 1990. Ici à la sortie du Chelsea Harbour Club en 1994.

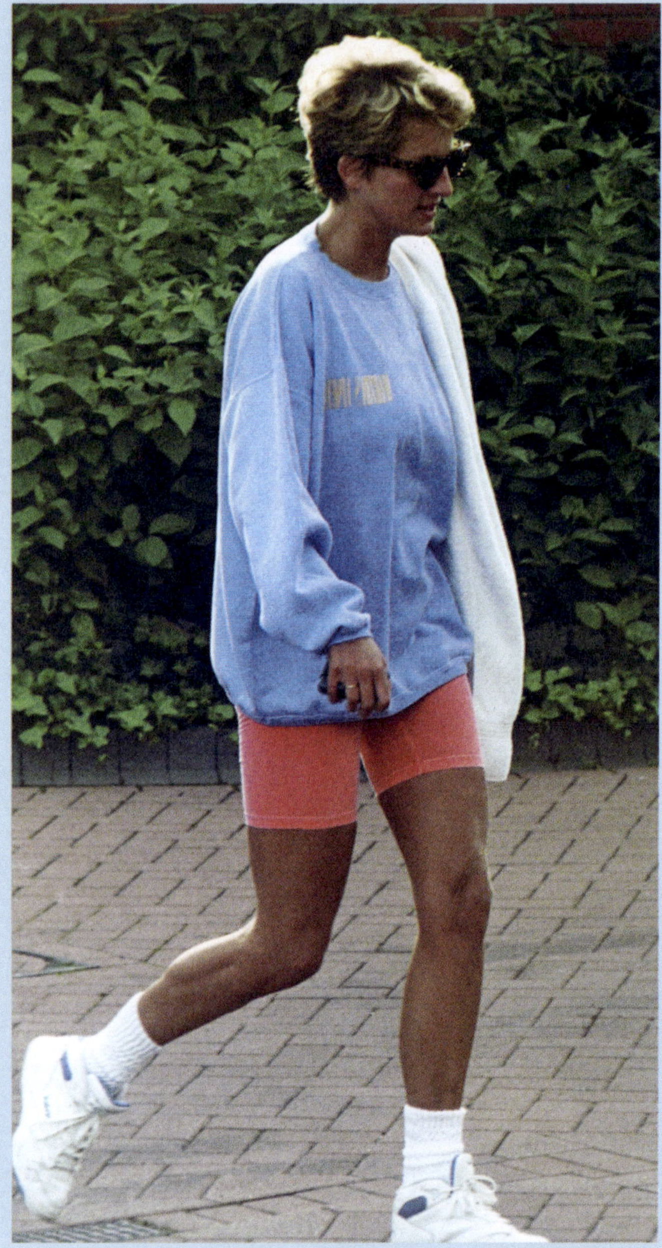

CI-CONTRE La « princesse du peuple » porte un sweat bleu pâle, un short rose et des lunettes de soleil en écaille, 1994.

CI-DESSUS Diana court dans les rues de Londres, vêtue d'un sweat Harvard, d'un short cycliste et de baskets « *chunky* », 1997.

Fly
J416 EGJ

Ce sweat-shirt va devenir l'une des pièces favorites de la garde-robe de Diana. Elle le porte assez fréquemment pour décourager les paparazzis: car si elle s'habille de la même façon tous les jours, les photos sont moins intéressantes et donc les photographes moins nombreux. Des répliques de ce modèle sont toujours produites aujourd'hui – et se vendent très bien. Le sweat original a été offert à Jenni Rivett, la coach personnelle de Diana, un an avant sa mort en 1997. Il s'est vendu 48 000 livres sterling lors d'une vente aux enchères en 2019.

Un autre grand favori des fils TikTok et Instagram est le sweat Northwestern de Diana, immortalisé sur un cliché iconique après une séance de sport en 1996 (voir p. 155). Pourquoi ce choix ? Car on y aperçoit la princesse avec ses lunettes de soleil en écaille et son fourre-tout Gucci aux poignées en bambou. Ce mélange de styles divers ne devrait pas fonctionner et pourtant c'est un succès. Le blanc éclatant du short et la police de caractères amusante du sweat font ressortir la peau dorée de la princesse, alors âgée de trente cinq ans. Les baskets Reebok font partie de ses marques favorites. Quant au sweat-shirt lui-même, Diana avait visité l'université Northwestern en 1996, une institution académique située au nord de Chicago, Illinois. Le but de ce voyage était de sensibiliser le public et de collecter des fonds pour la recherche sur le cancer – objectif atteint avec plus de 1,5 million de dollars de dons (2,6 millions de livres sterling aujourd'hui ou encore 3 millions d'euros). Par une étrange coïncidence, Meghan Markle étudiera plus tard le théâtre et les relations internationales à Northwestern, elle obtiendra son diplôme sept ans après la visite de la princesse.

Le sweat-shirt Virgin Atlantic est l'un des préférés de Diana.
Elle le porte ici alors qu'elle quitte son club de sport à Chelsea en 1995.

Les pièces

CHAPITRE 3

cultes

Pour ceux qui connaissent le rapport de Diana à la mode, certains éléments viennent tout de suite à l'esprit. Il y a les accessoires qu'elle a su mettre en valeur et intégrer à ses tenues de façon systématique pendant près de vingt ans, et puis il y a ses différents styles qui ont évolué au fil des années et marqué la mode de façon irrémédiable. On peut même affirmer que Diana s'est approprié certaines couleurs au cours de son règne vestimentaire. Elle ne s'est jamais contentée d'associer simplement les vêtements entre eux, elle a raconté une histoire en les portant, elle en a fait des symboles.

Des bijoux dignes d'une princesse

Le roman des bijoux de Diana mériterait un ouvrage à lui tout seul (et c'est le cas). L'amour de la princesse pour les pièces importantes évolue au fil des ans. Perles fines, montres Cartier et saphirs complètent la plupart de ses looks les plus emblématiques, des robes spectaculaires aux jeans et t-shirts.

La princesse porte des bijoux pour s'assurer de son élégance. Et ses choix, aujourd'hui encore, inspirent joailliers et créateurs.

Âgée de dix-neuf ans à peine, Diana est photographiée devant son appartement de Earl's Court, elle arbore ses perles si caractéristiques et un cardigan, 1980.

Le pouvoir des perles

Il y a peu de constance dans la vie en dents de scie de Diana, mais les perles en sont une. Sur l'une des premières photos de la jeune fille devant son appartement de Earl's Court, alors qu'elle commence à fréquenter le prince Charles, elle porte un collier de perles très classique. Dans les mois qui précèdent sa mort, on la voit à Washington avec un collier de grosses perles lors d'un évènement au profit de la Croix-Rouge américaine. Et c'est avec un collier similaire qu'elle assiste aux funérailles de son ami, le créateur Gianni Versace.

On raconte que Coco Chanel aurait dit un jour à propos des perles: «Pourquoi porter un rang quand on peut en porter deux?» Diana semble d'accord avec la célèbre créatrice, et décide même d'aller plus loin en arborant un collier comprenant jusqu'à sept rangs de perles.

Les boucles d'oreilles préférées de Diana, composées de perles et de diamants, lui sont offertes par Collingwood, le bijoutier de la famille Spencer, le jour de ses noces. Les fans de la princesse remarquent qu'elle porte exactement les mêmes boucles d'oreilles pour son mariage, pour sa lune de miel et avec sa «*revenge dress*». Interprétez cela comme vous le souhaitez.

La princesse Diana avec un collier de perles et des boucles d'oreilles assorties lors d'une visite à la Croix-Rouge américaine à Washington en 1997.

« Je pense que Diana avait quelque chose de la pie qui se jette sur tout ce qui brille. *Quand il était question de bijoux, elle sautait dessus, elle ne pouvait résister,* elle adorait ça. »

AMY ROBERTS

La princesse de Galles n'hésite pas à porter de grosses boucles d'oreilles en perle avec des lunettes de soleil immenses, 1989.

L'un des bijoux favoris de Diana est une broche transformable en saphir que l'on aperçoit ici lors d'un banquet à Hampton Court en 1982.

Le saphir : la pierre royale

Cadeau de mariage de la reine mère, la broche en saphir de Diana est un élément constant de son look tout au long de ses nombreuses réinventions. L'historienne de la mode Suzy Menkes explique : « Le cadeau de mariage de la reine mère à lady Diana était un saphir de la taille d'un œuf de canard, entouré d'une double rangée de diamants et monté en broche. » Diana porte ce joyau remarquable, épinglé à la bordure en dentelle de sa robe Bellville Sassoon lors d'un banquet à Downing Street en 1981. Elle arbore ensuite ce bijou à Hampton Court Palace lors d'un banquet d'état en l'honneur de Beatrix, reine des Pays-Bas, l'énorme bijou bleu est fixé au ruban orange de l'Ordre de la Couronne.

Rebelle un jour, rebelle toujours, Diana ne garde pas longtemps le saphir sous sa forme initiale. Elle le fait retravailler pour qu'il devienne l'élément central d'un collier de perles ras-du-cou à sept rangs, qu'elle porte ensuite à de nombreuses occasions, au Met Gala ou bien à la Maison-Blanche où elle fera la une des journaux en dansant avec John Travolta. En 1994, ce collier est la touche finale de la « *revenge dress* », comme un ultime coup de griffe à cette famille royale qui l'a abandonnée. Cette pièce historique n'a pas été vue en public depuis 1994 et l'on suppose que l'un de ses fils en a hérité. Après avoir été photographiée avec les boucles d'oreilles en saphir de la reine mère et la bague de fiançailles de Diana, la princesse Kate finira peut-être par porter un jour le saphir. Il est évalué à plus de 100 millions de livres sterling, c'est l'un des bijoux les plus chers de la collection royale.

La *Tank* de Cartier

Diana porte sa montre *Tank* signée Cartier, de son adolescence à sa mort. Son côté sport et son cadran carré en font un objet iconique. Créée en 1919, cette montre n'a connu le succès que dans les années 1970, quand des célébrités tels Andy Warhol et Jackie Onassis ont commencé à la porter. Tout au long de son mariage, Diana arbore le modèle en or que Charles lui a offert pour ses vingt ans. Plus tard, elle le relègue au fond de ses tiroirs, lui préférant la *Tank* Louis Cartier au bracelet en crocodile offerte par son père. Michelle Obama, Angelina Jolie et Meghan Markle comptent parmi les amoureuses de la *Tank*.

Diana sourit aux photographes lors d'une visite en Argentine en 1995. Elle porte sa montre *Tank* de Cartier et un sac Dior.

Les sweat-shirts *athleisure*

Le sweat-shirt est la pièce phare de la mode des années 1980-1990. La jeune génération rejette alors tout ce qui est pull tricoté ou corsage en popeline, lui préférant les sweat-shirts en coton, bientôt récupérés par les marques et les institutions, qui vont transformer la population en panneaux d'affichage ambulants. Heureusement ces sweats imprimés sont avant tout très agréables à porter.

La princesse Diana a une approche assez tactique des sweat-shirts. La plupart des gens les considèrent comme de simples vêtements pratiques mais Diana comprend vite que la presse les déteste. Ainsi du sweat bleu de Virgin Atlantic qu'elle arbore à chaque séance de sport au milieu des années 1990. Bien sûr, ils servent aussi les causes qui lui tiennent à cœur comme la British Lung Foundation.
On a dit que Diana a échoué deux fois à son «O-level» (certificat d'études secondaires) mais sa collection de sweats donne l'impression qu'elle a été admise dans les universités les plus prestigieuses des États-Unis. Ainsi du sweat à l'emblème de Harvard qui a été copié par de nombreuses marques dont H&M et que l'on peut trouver aujourd'hui vendu sur le site Etsy.

«C'est un véritable talent que de savoir utiliser des vêtements tout à fait neutres et de les transformer en quelque chose d'inattendu et d'original. Chez la plupart des femmes on évoquerait un style très personnel, mais chez Diana on cherche à tout décrypter comme un psy le ferait», explique la journaliste de mode Rachel Tashjian.

*« Au fur et à mesure que son corps s'est **musclé**, elle s'est sentie **plus sûre d'elle**, forte, en bonne santé et prête à affronter les moments difficiles qui allaient venir. »*

JENNI RIVETT

« Rendue célèbre pour ses shorts cycliste pastel, ses sweats trop larges aux couleurs des grandes universités et ses Reebok, la garde-robe sportive de Diana incarne bien la princesse du peuple, ce surnom donné par les médias. »

ALICE NEWBOLD, *VOGUE*

Look sportif et sac Gucci, Londres, 1996.

Le goût des mocassins

On a dit tout et n'importe quoi sur la relation entre les femmes et leurs chaussures. Et c'est vrai que parfois elles peuvent en dire long sur la personnalité de celle qui les porte. On pourrait raconter Diana rien qu'en évoquant ses souliers au fil des ans, mais certains ont plus marqué son existence que d'autres. La princesse affiche une préférence marquée pour les mocassins qu'elle porte toute sa vie, depuis l'époque où elle trottinait maladroitement dans l'ouest de Londres, tentant de fuir les photographes qui traquaient la nouvelle petite amie du prince Charles, jusqu'à son dernier voyage humanitaire en Bosnie en 1997. L'amour de Diana pour les mocassins a duré plus longtemps que son mariage. Elle adore les *Gommino* en daim de Tod's, elle les possède dans toutes les teintes du bleu ciel au kaki en passant par le rose pâle. Remarquons que Chiara Ferragni et Suki Waterhouse en sont aussi friandes.

Ces mocassins Tod's sont essentiels à la garde-robe de Diana. Ici en beige lors d'une visite en Angola en 1997.

Au cas où vous n'auriez pas remarqué ses mocassins Tod's, Diana porte aussi un sac à main de la célèbre griffe, 1997. La marque italienne a d'ailleurs nommé l'un de ses modèles *Di* en référence à la princesse de Galles.

Le denim selon Diana

À partir du milieu des années 1980, Diana se met à porter toutes sortes de jeans, de la salopette au *501* classique. Sa préférence pour le denim n'est pas seulement une déclaration de mode mais bien un gage de son statut accessible de « princesse du peuple ».

Daniel Miller, anthropologue britannique, s'est intéressé à la signification du jean, il estime que « le jean véhicule l'idée que l'on est une personne simple, sans affectation, quelqu'un d'amical, de normal et d'inoffensif [...]. Le jean n'est pas un vêtement provocant d'un point de vue physique ou social ».

On suppose que le goût de Diana pour le denim n'a rien à voir avec la mode. Elle éprouve le besoin d'être normale, de se rapprocher du peuple, elle cherche à acquérir une certaine indépendance alors même qu'elle vit dans un monde complexe alliant royauté, célébrité et maternité.

Les looks de Diana en jean sont très appréciés par les jeunes d'aujourd'hui devenus fans de la princesse sur TikTok et Instagram. Et quel jean est plus intemporel que le *501* de Levi's? Diana s'affiche souvent dans ce classique du genre avec un t-shirt large lors de sorties scolaires, ou bien avec un simple chemisier blanc quand elle est en mission humanitaire à l'étranger.

« Il a une coupe simple, il est facile à porter », explique Lynn Downey, archiviste et historienne de la marque Levi Strauss & Co., à propos du *501* original. « C'est juste du denim, des coutures et des rivets. » Diana adore être en jean des pieds à la tête. Sur la page suivante, on la voit en compagnie de ses fils William et Harry aux sports d'hiver en Autriche en 1993.

« Ne me considérez pas comme une icône, *je ne suis qu'une* mère *qui essaie de bien faire. »*

PRINCESSE DIANA

Diana s'affiche en jean avec une chemise assortie, un bomber en cuir et des après-ski blancs lors d'un séjour aux sports d'hiver en Autriche en 1993.

La robe moulante

La robe moulante ou robe débardeur, quel que soit le nom qu'on lui donne, est l'une des robes favorites de Diana dans les années 1990. Elle a eu un tel impact que *Vogue* l'a qualifiée d'« arme secrète » de Diana. Et elle a propulsé Versace sur le devant de la scène. Des créateurs comme Jacques Azagury ou Catherine Walker ont habillé Diana de façon épurée, mais ce sont les robes moulantes de Versace qui ont créé un véritable raz-de-marée dans la presse.

Caractérisée par un décolleté arrondi (débardeur) et de fines bretelles, cette robe est portée par la princesse Diana lors d'une séance photo qui compte parmi les plus extraordinaires de son existence. La couverture du *Harper's Bazaar* de novembre 1997, publiée deux mois après la mort prématurée de la princesse, montre Diana dans une robe moulante Versace bleu glacier (p. 165 au centre). Ce cliché a été pris six ans avant sa mort mais n'a fait la une qu'en novembre 1997.

Deux autres robes moulantes Versace participent aux looks les plus célèbres de Diana : un modèle noir, très près du corps, doté de deux bretelles à boutons et un modèle blanc avec des breloques argentées, qu'elle porte en 1995 lors du concert de charité « Children of Bosnia » à Modène en Italie. « Ces deux robes Versace font partie des looks les plus réussis de Diana à ce jour », a déclaré Anna Harvey, l'ancienne styliste de Diana à *Vogue*.

Diana assiste à un évènement chez Christie's dans une robe bleu pâle de Catherine Walker, 1997.

« Les robes moulantes de Versace *et la robe du soir fourreau de Catherine Walker sont probablement les* looks les plus réussis *de Diana à ce jour. »*

ANNA HARVEY

La robe en soie de Versace (au centre) que Diana porte sur la couverture du *Harper's Bazaar* est exposée à Kensington Palace, lors de la rétrospective « Diana: Her Fashion Story ».

As Princess of Wales, Diana had adopted the royal tradition of wearing clothes by British designers. Following her separation from The Prince of Wales, her royal duties ended and she started to work with foreign designers. The Italian, Gianni Versace was a favourite.

CI-DESSUS Diana dans une robe Versace à un gala de charité en Italie en 1995.

CI-CONTRE Cette robe moulante Versace était l'une des favorites de Diana. Elle la porte à la première de *Apollo 13* en 1995.

APOLLO 13.
POLL 13.

Rose shocking

Il n'y a jamais eu couleur plus clivante que le rose. Il n'y avait donc pas de teinte plus indiquée pour une personnalité aussi rebelle que Diana. Pendant la majeure partie du XXᵉ siècle, cette couleur a été pour beaucoup synonyme de féminité. Certains la considèrent frivole ou bien réservée à la blonde écervelée, tandis que d'autres expliquent qu'il s'agit d'une teinte puissante qu'il faut embrasser et revendiquer.

Dans *Pink: The History of a Punk, Pretty, Powerful Color* de Valerie Steele, l'historienne de la mode note que « Jayna Zweiman et Krista Suh ont décidé que des bonnets roses devaient être portés dans les manifestations féministes (à partir de 2016), parce que c'est une "couleur féminine qui attire l'attention et symbolise la compassion et l'amour – des vertus tournées en dérision et qui passent pour des défauts mais sont en fait de grandes qualités". »

Quand Diana fait partie de la famille royale, le rose évoque son côté doux et angélique. Dans les années 1990, elle se réapproprie cette teinte qui lui confère force et vigueur. Le rose en vient à signifier la douceur sans complaisance de caractère. Elle le décrit parfaitement lors de sa fameuse interview à *Panorama* en 1995. En réponse à la question du journaliste Martin Bashir qui lui demande pourquoi elle n'a pas été bien acceptée par certains membres de la famille royale, elle répond: « Parce que je fais les choses différemment, parce que je ne me limite pas au manuel des règles établies, parce que je fonctionne avec mon cœur, pas avec ma tête et même si cela m'a valu de nombreux soucis dans mon travail, c'est ainsi. On doit aller sur le terrain et montrer aux gens qu'on les aime. »

Un blazer rose vif participe à l'attitude joyeuse de Diana
lors d'une visite à Manchester en 1993.

CI-DESSUS Lady Diana dans une robe manteau rose et blanc dessinée par Catherine Walker, assortie d'un chapeau à voilette de Philip Somerville à la cathédrale Saint-Paul en 1990.

CI-CONTRE Diana rend hommage à Jackie O avec un tailleur sur mesure de Gianni Versace, Argentine, 1995.

Bienvenue au minimalisme des années 1990 avec ce tailleur-pantalon à coupe droite dans un coloris sable très discret, associé à un top à encolure dégagée, lunettes de soleil en écaille de tortue, sac et souliers bronze, Londres, 1997.

Le blazer

«Le vêtement qui nous donne un sentiment de puissance est celui qui nous rend plus sûrs de nous, confiants et qui, comme par enchantement, nous fait paraître sous notre meilleur jour et ce dans n'importe quelle circonstance.» Valerie Steele, historienne de la mode

Nous avons tous dans notre garde-robe des vêtements qui nous embellissent. Pour Diana, la pièce magique par excellence est le blazer. L'un de ses tout premiers est en velours rouge. Le blazer agrémente toutes les tenues de la princesse. Il est la pièce de prédilection de sa garde-robe, conférant un aspect minimaliste à ses looks des années 1990. C'est vraiment le vêtement que Diana préfère porter pendant la majeure partie de sa vie d'adulte. Il impose le respect, même s'il est associé à un jean ou à une jupe longue, il montre au monde entier que la princesse n'est pas là pour plaisanter.

Alice Newbold, rédactrice en chef de l'actualité de la mode à *Vogue.co.uk* écrit en janvier 2022: «Avec Diana, le blazer prend une autre dimension que son côté purement "business". La princesse s'éloigne peu à peu du style Sloane Ranger, elle associe ses blazers à des jupes plissées et des escarpins, à des survêtements et des santiags. Elle joue un rôle déterminant dans la mise en avant du blazer en tant que vêtement que l'on peut porter en n'importe quelle circonstance et pas seulement pour les affaires.»
Il n'est pas étonnant que les looks de Diana en blazer fassent partie des plus populaires sur les réseaux sociaux TikTok et Instagram. C'est tout simplement *son style*.

« Le blazer est un pilier de la garde-robe de la princesse. Des **épaulettes** *des années 1980 aux coupes* **moins marquées** *des années 1990, elle les portait avec un pantalon en toile ou un jean. »*

THE TELEGRAPH

CI-CONTRE Une Diana à la mine resplendissante porte un blazer rouge sur un col roulé noir durant les premiers mois de sa relation avec le prince Charles, 1980.

DOUBLE PAGE SUIVANTE Diana dans un blazer large pose avec Harry, William, Charles et le directeur d'Eton, le Dr Andrew Gailey, pour la rentrée des classes de William en 1995.

35

Des collerettes, des collerettes et toujours des collerettes

L'amour de Diana pour les collerettes audacieuses se développe pendant les années 1980 et se poursuit au cours des années 1990. Il est impossible de ne pas l'avoir remarqué. Elle est certainement à l'origine de l'obsession actuelle pour les cols (voir Ganni et Miu Miu par exemple), tant il est vrai que sa collection était impressionnante. Pendant sa période Sloane Ranger, la collerette edwardienne portée sous un cardigan en laine ou un pull-over a la préférence de la princesse. Elle aime également les robes avec des cols délicats en dentelle, un look assez emblématique de son caractère un peu «naïf» de cette époque.

Les corsages à lavallière font partie des tenues les plus emblématiques de la princesse dans les années 1980. Ses collerettes en dentelle témoignent de sa volonté d'expérimenter le détail qui tue. Une longue robe en velours d'un marine profond est d'un chic fou à elle toute seule, mais ajoutez-y un col en dentelle et elle deviendra unique. Diana a démontré au monde entier le pouvoir de la collerette impertinente et nous lui en serons éternellement reconnaissants.

Diana porte une collerette volantée à la touche très féminine lors d'une visite royale au Canada en 1983.

À GAUCHE Elles sont audacieuses ces années 1980 – et Diana l'a bien compris. Lors d'une visite à Auckland, Nouvelle-Zélande, en 1983, elle est photographiée dans une robe à pois au col surdimensionné.

À DROITE Diana assiste au gala du National Film Institute, vêtue d'une robe en velours d'un marine profond avec poignets et col en dentelle, 1981.

Le sac Dior

On les a appelées les pochettes cache-cœur, elles ont permis à Diana de préserver sa pudeur notamment lors d'une apparition officielle avec le prince Charles en 1981. Si nous omettons ces pochettes, la collection de sacs à main de Diana est assez réduite. Au fil des ans, elle opte toujours pour les mêmes modèles et préfère la qualité à la quantité. Ses deux créateurs favoris sont Dior et Gucci, à l'origine des sacs *Lady Dior* et *Gucci Diana*.

L'amour de Diana pour Dior ne se limite pas à son sac à main préféré. Au Met Gala en 1996, elle est glamourissime dans une robe en soie inspirée d'une nuisette et de son déshabillé, imaginée par John Galliano qui officie alors chez Dior. Mais c'est le sac matelassé *Lady Dior* qui reste dans l'histoire comme l'un des accessoires les plus mémorables de Diana. Il apparaît pour la première fois à son bras à Paris en 1995 alors qu'elle assiste à une rétrospective de l'artiste Paul Cézanne. À l'époque, le modèle n'est pas encore lancé par la maison de couture française, en interne on le surnomme le «sac chouchou». Il aurait été offert à Diana par Bernadette Chirac, l'épouse du président de la République. La rétrospective est la première d'une longue série d'occasions où l'on apercevra Diana avec ce sac. Cela incitera Dior à le baptiser *Lady Dior* en 1996. Depuis le modèle a été réinterprété dans d'innombrables styles, notamment dans le cadre du projet «Dior Lady Art», qui permet à divers artistes de s'approprier l'accessoire en l'enrichissant de leur touche personnelle.

Lors d'une visite à Liverpool, Diana porte un tailleur mandarine
Versace, accessoirisé de son sac Dior. Ce sac, toujours
vendu par la maison, est un hommage à la princesse.

Le sac *Gucci Diana* est l'un des modèles favoris des collectionneurs du monde entier.

« L'esthétisme selon Diana a traversé les décennies. Aujourd'hui les marques continuent de s'inspirer des principaux looks de la princesse de Galles... »

THE INDEPENDENT

Le sac Gucci

Ce sac à poignées en bambou de Gucci est le préféré de Diana, elle adore le porter avec ses tenues décontractées. En fait ce modèle existait depuis fort longtemps, bien avant la naissance de Diana. La légende raconte qu'il a été créé en 1947, en réponse à la pénurie de cuir en Italie après la Seconde Guerre mondiale, ce qui justifierait l'emploi du bambou. Connu à l'époque sous le nom de sac *0633*, ce modèle va propulser la marque italienne vers les sommets. Le choix de ce matériau et son originalité sont une véritable carte de visite pour Gucci, mettant en valeur la dimension artisanale de la maison, chaque poignée est laquée et soigneusement façonnée à la main pour lui donner sa forme arrondie.

Le *0633* a depuis été rebaptisé sac *Gucci Diana* et adapté à la nouvelle génération avec sa réédition en 2021. Cette pièce maîtresse fait partie de la collection «Gucci Beloved» qui réinvente les sacs les plus emblématiques de la marque (le sac favori de Jackie O – incarnation du chic pour Diana – est remis au goût du jour et réédité dans le cadre de cette nouvelle série). La version 2021 du sac Diana est dotée d'une sangle fluo, elle est apparue au bras de stars telles Elle Fanning et Jodie Turner-Smith. La direction artistique actuelle de Gucci, qui fusionne la mode et la rue, doit énormément à la princesse Diana. La maison a capitalisé sur les photos de lady Diana en tenue de sport avec son sac Gucci. Ces images ont été partagées des milliers de fois sur Instagram, Pinterest et TikTok. Et la marque Gucci a tiré profit de cette publicité gratuite en ressortant le *0633* sous son nouveau nom. Il est devenu un véritable *It-bag* pour la génération Z – le seul obstacle au succès du sac pourrait être son prix de départ qui s'élève à 2999 livres sterling.

Sur Instagram, le nombre de compte[s]
à son style semble infini, certains d'[
des centaines de milliers d'abonnés. D
que «La princesse Diana est vraiment
«L'incontestable reine Diana», «Comm
Diana, de quoi avons-nous besoin», «U
véritable dimension humanitaire» mo
ceux qui l'ont connue avant ou après sa
d'elle et veulent continuer à la faire vivre

On peut voir combien le style Diana a
en faisant défiler sur Instagram un
personnalités qui la copient. Il en va ai
télévision australienne Liv Phyland, d
Stephanie Yeboah, autrice et figure du «
l'actrice et cinéaste américaine Tommy Do

TikTok a également joué un rôle clé dans
cesse croissante de Diana. De nombreu
à recréer les looks légendaires de la déf
indiquent où et comment se procurer les pi

Avec le pseudo @simplesmurf sur TikTok,
le compte consacré à la princesse Diana le
la plateforme numérique. Kaden Luna a exp
2021 que son obsession pour la «princesse du
quand il a vu des stars comme Harry Styles
s'en inspirer dans leurs looks.

En 2021, l'actrice Tommy Dorfman rend hommage à la p
Diana avec un ensemble Halloween pour lequel elle s'in
«Belle au bois dormant» de Diana et de sa robe créée pa
Sassoon. Son post sur Instagram recueille plus de 150 0

La sortie de la quatrième saison de *The Crown* fascine et inspire Kaden Luna. «Moi et ma collection de pulls #princessdiana versus le monde entier», peut-on lire en légende d'un post. En 2022, ses contenus liés à Diana sont regardés par des centaines de milliers de personnes, démontrant clairement l'intérêt général pour l'héritage de Diana dans le domaine de la mode.

Le *Daily Mail* a fait état de cet engouement pour Diana de la part des utilisateurs des réseaux sociaux, la surnommant «la princesse TikTok» dans un article datant de 2021. L'article souligne l'un des facteurs clé de la popularité de la princesse, l'illustrant par une citation de Jade Honey, tiktokeuse de la génération Z. «C'est carrément incroyable de voir une princesse habillée comme tout le monde, de façon cool, surtout à cette époque. La plupart de ses tenues décontractées lui donnent un côté "ancien mannequin", très populaire chez les jeunes aujourd'hui. Je ne peux pas imaginer l'actuelle princesse de Galles faire la même chose», déclare cette passionnée de mode.

En juillet 2022, l'influenceuse américaine Morgan Riddle poste une photo qui devient virale. On l'aperçoit dans les tribunes de Wimbledon où elle est venue soutenir son petit ami, le joueur de tennis Taylor Fritz. Son look enflamme la toile, il s'inspire d'une tenue cool de Diana datant de 1995, comme le précise Riddle en légende. En l'espace de six mois, le message est vu plus d'un million de fois.

Un autre post rendant hommage à Diana sur TikTok est réalisé en mars 2021 par Shay Rose (@crescentshay). On y voit l'influenceuse prendre une robe à onze dollars dénichée dans une friperie locale et la transformer en l'emblématique «*revenge dress*». 6,5 millions de personnes dans le monde likent le post.

« Je comprends que le changement soit effrayant pour les gens, d’autant plus si on ne sait pas vers quoi se tourner.

*Il vaut mieux
s'en tenir à ce
que l'on est.
C'est une chose
que j'ai retenue. »*

PRINCESSE DIANA

Beauté intemporelle

Le maquillage et la coiffure dans les années 1980 étaient vraiment remarquables. À l'exception de quelques stars qui aiment encore arborer des brushings extravagants et un maquillage appuyé, les fashionistas du XXIe siècle préfèrent les looks plus discrets. Si les vêtements de Diana étaient vraiment ancrés dans son époque, sa coiffure et son maquillage restaient assez sobres. La tiktokeuse néerlandaise Rose Van Rijn (@70srose) a démontré l'intemporalité de la beauté de la princesse lorsqu'elle a publié en mai 2021, un tuto expliquant comment se coiffer comme elle. À l'heure où nous écrivons ces lignes, la vidéo a été visionnée 20,5 millions de fois. Van Rijn a déclaré à *Allure*: «Diana est décédée depuis longtemps mais j'espère vraiment perpétuer son héritage, ne serait-ce qu'en arborant sa coiffure si particulière et en la partageant sur les réseaux avec mes *followers*.»

L'héritage de Diana ne se limite pas à ses vêtements ainsi que le montre la maquilleuse Lisa Eldridge dans une vidéo publiée en 2017. Elle explique qu'elle a été bombardée de demandes pour effectuer un «look princesse Diana» sur les réseaux. Elle a donc accueilli en ses studios un membre de l'équipe beauté de Diana, Mary Greenwell, et ensemble elles ont exposé à plus de deux millions de spectateurs comment la princesse aimait se maquiller. Greenwell a également maquillé Meghan Markle, on imagine aisément quel genre de conversations ces deux-là ont pu avoir.

La célèbre experte en beauté Mary Greenwell est connue pour avoir prodigué ses conseils à la défunte princesse Diana ainsi qu'à Meghan Markle. Elle est photographiée ici au lancement de Fenty Beauty x Harvey Nichols, 2017.

BEA
RIHANN
HAR
AU
NA
E

EPHE
DAD
COLLE
CALIFORNIA
M346E0

It girls

Je ne prétendrai pas que Diana était «l'influenceuse originelle» (même si beaucoup l'affirment), mais l'immense popularité de la princesse (et de tout ce qui a trait à elle) sur les réseaux sociaux témoigne de l'importance de son héritage dans l'histoire de la mode et de la culture pop. Comme elle, nombre de ses fans ont connu la gloire grâce à leur célèbre famille. Les mannequins Hailey Bieber et Kendall Jenner ont souvent manifesté leur intérêt pour la vie et le style de Diana, reproduisant certains de ses looks et l'admettant dans les interviews.

Trois ans après sa série mode hommage à Diana dans *Vogue Paris*, Hailey Bieber a déclaré à *Harper's Bazaar* en août 2022: «J'ai été très inspirée par le fait qu'elle était la femme la plus regardée au monde à l'époque, et pourtant elle a osé être libre dans ses choix vestimentaires. Elle s'est vraiment exprimée à travers son style, malgré la position dans laquelle elle se trouvait.»

Trente ans après le look original reproduit dans tous les magazines, Kendall Jenner est aperçue dans une tenue très similaire à celle de Diana, qui portait un pantalon de jogging rentré dans ses santiags pour conduire ses enfants à l'école en 1989. Dans un article paru dans *Vogue* en juillet 2019, Kendall Jenner cite Diana comme l'une de ses icônes mode favorites, arguant qu'elle adore ses jeans taille haute.

Hailey Bieber porte une tenue indéniablement inspirée par Diana lors d'une sortie à Los Angeles en octobre 2019.

CI-DESSUS Emily Ratajkowski, fan de Diana, se promène à New York dans une robe manteau à rayures, semblable à celle de Diana, 2018.

CI-CONTRE Rihanna dans une robe à bretelles Chrome Hearts, Los Angeles, 2015.

Les références vestimentaires de Rihanna à la princesse de Galles incluent un t-shirt de la marque new-yorkaise Chapel orné du visage de Diana qu'elle porte en 2016, ainsi qu'une robe noire et un peignoir Chrome Hearts arborés en 2015, et qui ressemblaient énormément au look Gucci de Diana au Met Gala en 1996.

Harry Styles, ancien leader d'un *boys band* culte et icône de mode aujourd'hui, s'est aussi approprié certains looks de Diana. Lors des BRIT Awards 2020, il a été aperçu dans un costume Gucci associé à deux éléments de style très prisés par Diana: un col très large et un collier de perles. Harry Lambert, le styliste à l'origine de ce look, a déclaré à *Vogue*, que la princesse Diana était sa principale source d'inspiration. En novembre 2019, Harry a été aperçu portant un gilet Lanvin que les journalistes de mode ont rapproché du pull «*black sheep*» des années 1980.

La force du style de Diana a bien été comprise par les acteurs qui ont joué la «princesse du peuple» dans les films qui se sont succédé ces dernières années. Emma Corrin, la comédienne à qui l'on a confié le rôle de Diana dans la saison 4 de *The Crown* a revisité la «*revenge dress*» à la première de *My Policeman* en septembre 2022. Elle jouait dans ce film avec Harry Styles. Conçue par la marque italienne Miu Miu, la robe noire d'Emma Corrin était vaporeuse avec des manches tombantes spectaculaires et une coupe très décolletée. Son look était complété par des boucles d'oreilles en diamant de Cartier et des escarpins aux talons aiguilles, presque identiques à ceux que Diana portait ce fameux soir d'été 1996.

Emma Corrin dans un look Miu Miu inspiré de la «*revenge dress*» de Diana, lors de la première de *My Policeman* en 2022.

BVLGARI
tiff
Ontario
TELEFILM CANADA
TORONTO
VISA
Bell
Royal Bank

Kristen Stewart, la star de *Spencer*, un film très controversé portant sur la vie de Diana et datant de 2021, a été photographiée dans des looks copiant ceux de lady Diana. L'actrice américaine a été aperçue en novembre 2021 dans un short cycliste agrémenté d'une veste Chanel courte. Quelques mois plus tard, alors qu'elle assistait à la cérémonie des Oscars avec sa fiancée Dylan Meyer, Kristen Stewart a créé le buzz avec un mini short Chanel, une veste large assortie, une manière bien à elle de s'approprier un look plutôt masculin. Il est vrai que l'un des passe-temps favori de Diana était de détourner les looks.

Son histoire : réinventée

En 2019, Netflix lançait *The Crown*, une série qui présentait une version «semi-fictionnelle» de l'histoire… de la famille royale. Les fans (plus d'un million d'entre eux ont regardé la première saison au fur et à mesure de sa diffusion) ont commencé à s'intéresser de plus près à la famille royale. Concernant le personnage de Diana, le suspense était à son comble. Quand allait-elle apparaître? Et qui allait la jouer? En avril 2019, on a appris que l'actrice choisie se nommait Emma Corrin et qu'elle couvrirait la période s'étendant de 1979 à 1990.

Malgré l'énorme pression subie pendant les répétitions, Corrin a déclaré au *Sunday Post* qu'elle avait adoré la garde-robe et le stylisme: «J'ai aimé tous ses looks. Il y avait trois perruques différentes, j'ai préféré la première car j'adore Diana jeune et son côté assez moqueur.»

DOUBLE PAGE SUIVANTE Elizabeth Debicki incarne Diana dans la saison 5 de *The Crown*. Elle a l'air pensive dans sa robe dos nu incrustée de strass.

« C'était une jeune femme qui voulait **vivre sa vie** mais se retrouvait constamment sous les feux des projecteurs. C'était une mère inquiète, une **adepte de la mode**, il y avait tant d'aspects à sa personnalité que cela a suscité un engouement médiatique dingue et une curiosité presque malsaine à son égard. »

ARIANNE CHERNOCK

Ses fans sont les mannequins Slick
encore l'influenceuse française Ad
marque favorite de toutes les *It-girl*
2013, la griffe inspire les jeunes fe
rejetant l'esthétique monochrom

Pour leur collection «AW 18»,
Catherine Saks s'inspirent très li
Diana a osé prendre des risque
que l'on attendait d'une femn
deux stylistes à HarveyNicho
grands magasins de Londres
de Diana). Potts et Saks év
de Coggles.com. «Nous au
collection que nous avon
l'aurait aimée autant qu

Quelques années plu
la réédition de deux
over «*black sheep*»
créateurs de trico
la poitrine l'inscr
et au revers «*fe*
permettre). Le
aux créateurs
a été lancée er
très médiatic
attirer l'atte
Pete David
deux nouv
coloris bl

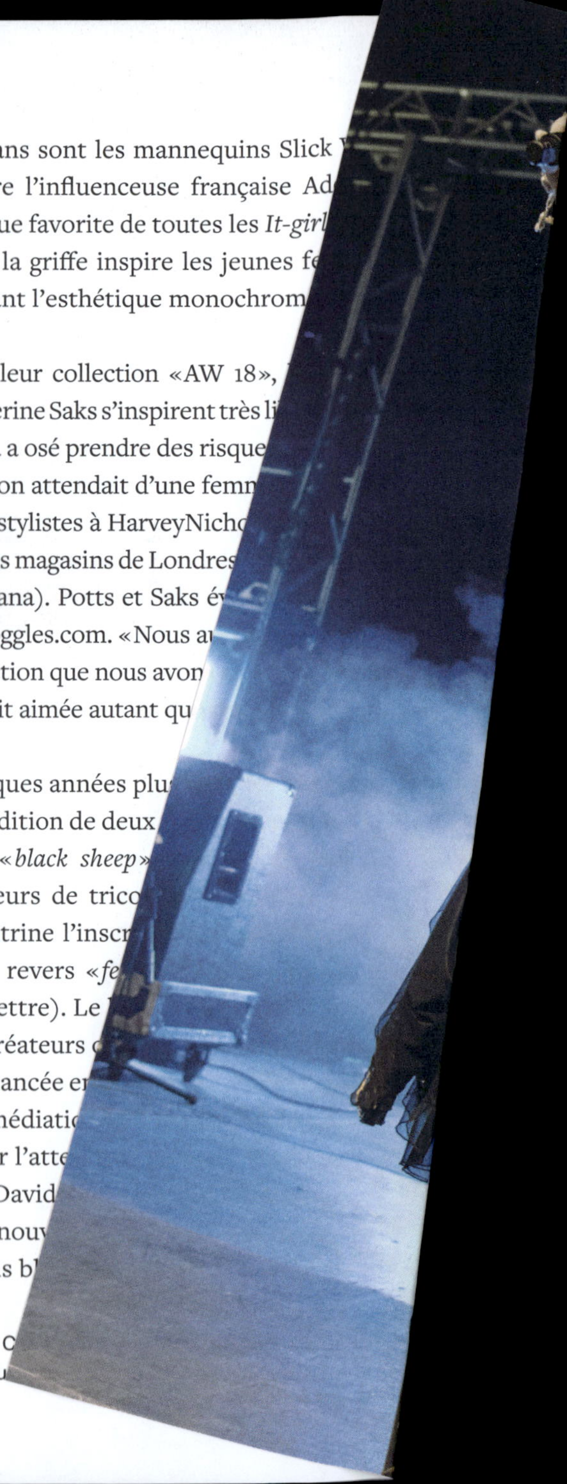

Naomi C
orné du

Inspiratrice à jamais

La drag artiste Bimini, dont les talents de styliste ont été largement reconnus par l'industrie de la mode, a déclaré que Diana était son inspiration et sa muse. Parmi les principaux hommages à la princesse, arrêtons-nous sur une tenue arborée au Download Festival en 2022 et un look rose (inspiré par Diana) porté par l'artiste lors de son apparition dans le documentaire *Diana: Queen of Style* (novembre 2021). Mais l'amour de la finaliste du *RuPaul's Drag Race UK* pour la princesse va bien plus loin, comme en témoigne cette interview accordée à *Kerrang!* en juillet 2022:

« La princesse Diana était une véritable punk parce qu'à l'époque, elle osait prendre des positions qui allaient à l'encontre de celles de la monarchie. Ainsi, elle rendait visite aux malades du sida en pleine épidémie et n'hésitait pas à les serrer dans ses bras. Elle les a humanisés et ça, c'est la punk attitude ! »

En 2021, dans un documentaire, l'autrice spécialiste de mode Justine Picardie décrit l'influence pérenne de la princesse: « Chaque génération revient à un moment ou un autre vers la princesse Diana parce que comme elle, nous avons conscience de l'enchevêtrement des fils de la vie, de l'amour, de la mort [...]. Ce que nous connaissons nous le puisons en nous-mêmes: nos joies, nos peines, nos chagrins, nos bonheurs, nos manques, nous les retrouvons dans la quintessence même des vêtements qu'elle portait. »

L'influence de Diana continue de s'étendre à travers les cultures et les générations du monde entier. Cela peut être attribué en grande partie aux choix de sa garde-robe. Mais il ne s'agissait pas uniquement de couleurs audacieuses et de styles singuliers, Diana s'en servait pour transmettre un message subliminal. Communiquer *via* la mode ne se démode jamais.

Bimini arbore le visage de Diana sur un t-shirt en ruché lors d'un concert au Download Festival en 2022.

Index

Les numéros de page en italique renvoient aux légendes des illustrations.